TRUSTS AMÉRICAINS

LEUR ACTION
ÉCONOMIQUE — SOCIALE
POLITIQUE

PAR

PAUL LAFARGUE

> Le pays le plus développé
> industriellement montre à ceux qui
> le suivent sur l'échelle industrielle
> l'image de leur propre avenir.
> KARL-MARX.

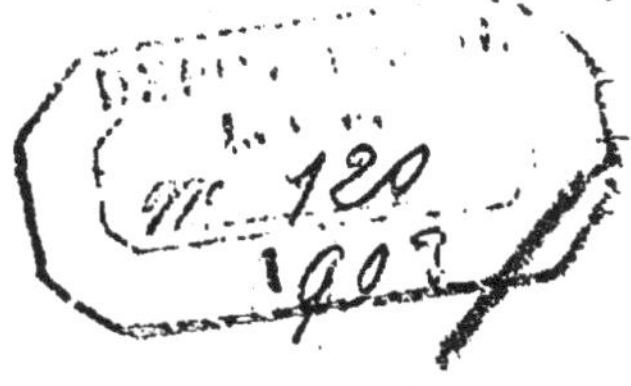

PARIS-Vᵉ

V. GIARD & E. BRIÈRE
LIBRAIRES-ÉDITEURS
16, Rue Soufflot, 16

1903

LES TRUSTS AMÉRICAINS

1203

Beaugency, Imp. Laffray fils & gendre

LES
TRUSTS AMÉRICAINS

LEUR ACTION

ÉCONOMIQUE — SOCIALE

POLITIQUE

PAR

PAUL LAFARGUE

Le pays le plus développé
industriellement montre à ceux qui
le suivent sur l'échelle industrielle
l'image de leur propre avenir.
KARL MARX.

PARIS-V^e

V. GIARD & E. BRIÈRE

LIBRAIRES-ÉDITEURS

16, Rue Soufflot, 16

1903

AVANT-PROPOS

Les trusts américains envahissent l'Europe; leur
renommée avait franchi l'Atlantique, avant qu'ils
eussent fait leur apparition en Angleterre, en Allemagne, en France et en Belgique. Les millions et les
milliards, dont ils sont armés, frappent d'abord l'esprit : cette monstrueuse accumulation de capitaux,
la plus formidable qu'on ait encore vu, est, en effet,
un événement, qui à lui seul caractérise une phase
de l'évolution capitaliste.

Mais l'énormité des capitaux n'est pas le seul fait
qui mérite d'attirer l'attention : les trusts, mettant
de côté les vénérables principes de l'Économie politique et donnant d'irrévérencieux démentis aux tran-
chantes affirmations de messieurs les économistes,
suppriment la concurrence et substituent une organisation méthodique à l'anarchie, qui règne dans la
production capitaliste.

Mais cette scientifique organisation de l'industrie

qui accroît la puissance productive du travail salarié, accélère la concentration des richesses, bouleverse la vie économique, sociale et politique, engendre une grossissante plèbe de mécontents bourgeois, lesés dans leurs intérêts matériels et élabore des crises économiques et des événements révolutionnaires.

Les trusts américains sont un phénomène historique nouveau d'une si puissante action sur le monde capitaliste, qu'ils relèguent au second plan tous les faits économiques, politiques et scientifiques survenus dans ces quarante dernières années.

J'ai essayé dans cette brève étude d'exposer l'organisation des trusts et d'esquisser les traits saillants de leur action théorique et pratique.

P. L.

Avril 1903.

LES TRUSTS AMÉRICAINS

I

Les trusts le 1er janvier 1903.

John Moody, qui publie à New-York l'annuaire des sociétés par actions et obligations — *Moody's Manual of Corporation securities* — donne dans une petite brochure, portant le titre suggestif de *The Morganization of Industry*, la liste des *Industrial Consolidations* ou *Trusts*, formés du 1er janvier 1899 au 1er septembre 1902, d'une capitalisation d'au moins de 10 millions de dollars, soit de 51.500.000 francs. Elle mentionne entre autres :

Deux trusts du cuivre, l'un de 800 millions et l'autre de 257 millions; un trust des vitres de fenêtres, de 87 millions; un de la laine, de 250 millions; du papier à écrire, de 200 millions; du lait condensé, de 125 millions; de la levure en poudre, de 100 millions; des tabacs, de un milliard 350 millions; du tabac à priser, de 105 millions; du sucre raffiné, de 103 millions; des ressorts d'acier pour wagons, de 100 millions; de produits caoutchoutés, de 135 millions; des fruits, de 80 millions; des produits du maïs, de 400 millions; des peaux et cuirs, de 170 millions; des produits chimiques, de 85 millions; de l'acier, de 7 milliards, etc., etc. Il s'est formé des trusts dans toutes les branches de la production agricole et industrielle.

Les 82 trusts cités dans la brochure de Moody, dont le lecteur trouvera l'énumération à l'appendice, ont une capitalisation de 22 milliards 250 millions; mais cette liste est incomplète, puisqu'elle ne mentionne que les trusts constitués pendant ces trois dernières années et d'une capitalisation d'au moins 50 millions.

J. Moody dit qu'une liste qui ne tiendrait compte ni de la grandeur du capital, ni de la date de formation, comprendrait probablement 800 trusts, dont la capitalisation serait d'environ 46 milliards, et si on y ajoutait les Compagnies de chemins de fer on arriverait à une capitalisation dépassant 76 milliards.

Les chiffres donnés par J. Moody sont au-dessous de la réalité. Le représentant de l'État du Maine, Littlefield, reproduisant les statistiques officielles contenues dans un rapport au Congrès, qui vient d'être publié, donne une liste de trusts existant le 1ᵉʳ janvier 1903, laquelle est considérée le document le plus complet sur la matière.

Le 1er janvier 1903 il existait 793 trusts, classés en
453 « trusts industriels » et 340 « monopoles locaux
et naturels » qui comprennent les Compagnies d'eaux,
de gaz, de lumière électrique, de railways urbains,
de télégraphe et de téléphone.

Les trusts industriels avaient une capitalisation
de .... 47·539 millions.
Les monopoles locaux et naturels
une capitalisation de.......... 22.242   »
                           ———————
                            69.781   »

Si à ce total de près de 70 milliards, on ajoute le
chiffre de capitalisation de toutes les Compagnies de
chemins de fer à traction par la vapeur, qui est de
30 milliards, on obtient une somme qui dépasse 100
milliards, représentés par les actions et obligations
de toutes les sociétés, et constituant la puissance du
trust-system.

Pour apprécier la grandeur de cette somme, il faut
la comparer à celle de la fortune totale des États-Unis,
évaluée à 485 milliards.

Une liste, reproduite dans l'appendice d'après
Littlefield, énumère les 52 trusts dont la capitalisation
est d'au moins 50 millions de dollars, soit de 257 millions de francs.

Ce qui est aussi extraordinaire, si ce n'est plus, que
la grandeur de la masse des capitaux accumulés, c'est
le petit nombre de personnalités financières, sans

mandat, sans contrôle et sans responsabilité, qui ont la gestion de cette centaine de milliards.

Cinq groupes de financiers, bien connus aux États-Unis : le groupe Morgan, le groupe Gould-Rockefeller, le groupe Harriman-Kuhn-Loeb, le groupe Vanderbilt et le groupe de Pensylvanie, administrent les grandes Compagnies des chemins de fer américains.

Les financiers qui forment ces cinq groupes, sous le nom de différentes sociétés, administrent les entreprises industrielles, commerciales et financières les plus diverses ; ils prélèvent des bénéfices sur les chemins de fer, les banques, le charbon, le minerai de fer, de cuivre, d'argent, sur l'acier, le blé, la viande, etc. Toute la production agricole et industrielle des États-Unis leur paie un tribut.

J. Pierpont Morgan, à lui seul, d'après J. Moody, exerce une influence prépondérante dans des Compagnies de chemins de fer d'une longueur de 88.880 kilomètres et d'une capitalisation de 15 milliards et demi ; il « domine directement » des trusts industriels d'une capitalisation de près de 9 milliards. (L'appendice contient leur énumération.)

Mais l'action pressurante de cette poignée de capitalistes ne s'arrête pas aux limites de l'Union américaine, elle s'étend sur toute la terre. Le trust du pétrole des États-Unis s'est partagé l'exploitation des deux mondes avec le trust du pétrole de la Russie, où dominent les Rothschild. Les deux trusts s'entendent pour régler le prix de vente et se substituer l'un à l'autre, quand il est besoin ; ainsi le trust amé-

ricain, ne pouvant, à cause de l'insuffisance de sa
production, remplir ses contrats avec l'Asie, les a
cédés au trust russe.

Les trusts du cuivre ont, depuis des années, amené
une hausse considérable dans le prix du métal qui,
bien que réduite, persiste encore. Cette hausse arti-
ficiel.e leur a permis de frapper d'un impôt énorme
tous les industriels employant le cuivre comme matière
première.

Le *Temps* publiait une enquête faite au commencement de l'année auprès des marchands de chaussures;
ils déclaraient que bientôt ils allaient être forcés
d'élever leurs prix, à cause de l'accaparement des
peaux en France et en Angleterre par le trust américain des peaux et cuirs. Dans le courant du mois de
janvier, les marchands de cuirs d'Allemagne, ont dû
pour la deuxième fois augmenter les prix; ils expli-
quent dans une circulaire que les Américains ont
accaparé les peaux au point de forcer les Allemands
à les payer plus cher ou à fermer leurs manufactures.

Le trust de l'Océan, à peine âgé de quelques mois,
bouleverse déjà les conditions générales d'exploitation des transports maritimes de France; il mettra un
impôt de péage sur les produits agricoles et industriels
naviguant entre l'Europe et l'Amérique. L'accaparement des voies de communication est une des plus
importantes manœuvres des capitalistes pour ran-
çonner l'industrie et le commerce; ce n'est qu'après
s'être emparé des moyens de transports que Rocke-

feller parvint à constituer son gigantesque trust du pétrole.

Les trusts américains envahissent l'Europe. Le trust des tabacs, après avoir affirmé sa toute-puissance aux États-Unis, a traversé l'Atlantique et est venu s'établir en Angleterre. Les Anglais, pour lui disputer le terrain, formèrent un anti-trust; mais après une lutte dont les consommateurs vont payer les frais, les deux trusts sont arrivés à une entente. On dit que le trust du verre a acheté les verreries de Belgique. Une société américaine, dont Rockefeller est le capitaliste, propose au Conseil municipal de fournir le gaz à Paris. Une compagnie de constructions maritimes, dont le siège est à Chicago, et qui est en relation avec le trust de l'Océan, a acheté les chantiers maritimes de Bordeaux. L'Europe a fourni aux États-Unis d'importants capitaux pour la construction de ses chemins de fer; les financiers américains, qui en avaient la gestion les ont appropriés, à l'aide de la spéculation et des coups de Bourse, et maintenant ils les renvoient en Europe pour exploiter son industrie.

Si la théorie matérialiste de l'histoire de Karl Marx, pour qui « le mode de production de la vie matérielle domine en général le développement de la vie sociale, politique et intellectuelle », avait besoin d'une nouvelle et éclatante confirmation, les trusts la fourniraient. Ils dominent non seulement la vie économique, mais encore la vie religieuse, intellectuelle et politique de la nation américaine. Ils font son histoire.

Les Morgan et les Rockefeller sont des bâtisseurs

d'Églises et d'Universités; ils les dotent de millions, qui font loucher les universitaires français; et prêtres et professeurs se dévouent à complaire aux volontés des manieurs d'or, qui au besoin les rappellent à leur tâche. Il y a quelques années, une des donatrices de l'Université de San-Francisco fit chasser un professeur d'économie politique qui avait eu la témérité de critiquer les privilèges exorbitants du Capital. Les cultes n'étant pas subventionnés par l'Etat, l'entretien de leurs ministres dépend de la libéralité des fidèles. Les églises se montent par actions, ainsi qu'une entreprise industrielle : « Adorons Dieu, qui nous procure des dons d'argent, » est la prière qu'on y répète tous les dimanches. Les prêtres de toutes les Églises sont agenouillés devant les grands capitalistes, ces dieux pour de vrai, qui leur donnent le manger, le coucher et le reste : l'évêque catholique de New-York vient d'interdire un prêtre de son diocèse, parce qu'il propageait le socialisme chrétien. Un évêque protestant de Boston affirmait en pleine chaire que si Jésus revenait sur terre, il vendrait et achèterait des actions à la Bourse, car rien n'est plus honorable. Rockefeller trouve cependant que leur enseignement ne porte pas suffisamment de fruits; il se propose d'organiser un trust pour la publication des livres d'écoles, qui expurgerait de la Bible les cris de colère et les dénonciations contre les riches qui se rencontrent dans l'Ancien et le Nouveau Testament. L'avilissante courtisanerie des prêtres et des intellectuels persuade ces détrousseurs de la classe ouvrière que, comme les rois de l'ancien régime, ils possèdent par droit divin les mines, les fabriques et les banques. Un des propriétaires des mines de Pensylvanie, Baer, le déclarait fièrement quand on lui parlait de prêter attention aux réclamations de ses mineurs en grève.

La presse, qui manipule l'opinion selon les intérêts des capitalistes, est entre leurs mains. Ils détiennent les télégraphes, qui sont industrie privée; et tout journal qui aurait la velléité de secouer leur joug, verrait ses communications télégraphiques supprimées; c'est son arrêt de mort. Un quotidien aux Etats-Unis ne peut vivre sans les dernières nouvelles. Il n'y a que les journaux socialistes qui ne sont pas soumis à leur influence parce qu'ils ne sont pas des opérations industrielles mais des organes de propagande et des armes de combat.

Les financiers des trusts, au su et au vu de tous, fournissent aux républicains et aux démocrates, les deux partis rivaux, des millions pour les élections : personne n'ignore que ce sont les propriétaires des mines d'argent qui ont soudoyé Bryan pour sa campagne en faveur de l'argent et qui ont acheté les sénateurs et les députés lors du vote du *Sherman act* pour la frappe de l'argent.

Les trusts sont impopulaires : ils ont lésé dans leurs intérêts un nombre si considérable de bourgeois, que l'orateur qui tonitrue contre eux est certain de recueillir des applaudissements et s'il est candidat, des votes. Républicains et Démocrates font aux élections assaut de promesses de les mettre à mal et de les occire. Mac-Kinley, tout chaud encore de la campagne électorale, dans son premier message présidentiel du 4 mars 1897, déclarait : « Le parti aujourd'hui revenu au pouvoir s'est toujours déclaré dans le passé opposé à toutes les coalitions capitalistes organisées en trusts, ou tendant par d'autres moyens à diriger arbitrairement les conditions de l'industrie dans notre pays ; et il a soutenu toute législation destinée à empêcher la mise en pratique de tout plan qui opprimerait le peuple par des droits sur ses objets de consommation ou par d'injustes tarifs pour le transport de ses produits. » Cependant il s'employa à faire voter des droits de douane pour protéger les marchandises des trusts ; tandis que pour servir le trust de la raffinerie, il pressa l'annexion de Hawaï afin que son sucre brut entra en franchise ; c'est encore pour favoriser les intérêts d'un groupe puissant de financiers qu'il précipita la déclaration de guerre contre l'Espagne, au moment que des propositions d'arbitrage étaient faites. Roosevelt a cru que parce qu'il avait commandé les *rough riders* à Cuba, il pouvait mener une campagne contre les trusts ; ainsi que Mac-Kinley, en prenant le siège présidentiel, il annonça qu'il allait les ligoter, les juguler. Le *strenuous man* a dû se soumettre et manger du *humble pie*, comme disent les anglais.

La corruption fleurit superbement dans le monde de la politique et de la magistrature ; les défenseurs des trusts prétendent qu'elle est un des fruits de la concurrence électorale et du suffrage universel. John Dos Passos dans sa déposition devant la commission d'en-

quête de 1899 sur les agissements des trusts déclare que
« les chefs des railways et les hommes qui dirigent les sociétés industrielles vous diront qu'une mesure, profitable au public ne peut être obtenue par des moyens légiti-
mes, à cause de la corruption judiciaire et législative
que produit le démagogisme, qui oblige les trusts à arriver à leurs justes droits par des moyens illégitimes. » (1)

La vénalité des hommes politiques des nations à
civilisation capitaliste, est portée à son maximum
dans la démocratie américaine ; elle a engendré une
telle indifférence politique chez les directeurs des
trusts, que les mêmes financiers subventionnent le
parti républicain et le parti démocrate. Les Morgan
et les Vanderbilt ne daignent pas briguer les places
politiques ; il préfèrent tenir les ficelles qui font mou-
voir députés, sénateurs, ministres et présidents de
la République, comme des pantins. Il forment un
gouvernement occulte, mais réel, au-dessus du gouvernement apparent et factice. Les propriétaires des
mines de Pensylvanie ont bien prouvé l'existence de ce
pouvoir supérieur, quand après avoir repoussé dédai-
gneusement la proposition d'arbitrage du président
Roosevelt pour régler la grève des mineurs, il l'accep-
tèrent sur un mot de Morgan.

L'état-major capitaliste qui administre la richesse
nationale immobilisée dans les trusts et dans les chemins de fer, dirige la politique : il prépare une fé-

---

(1) *Commercial trusts, an argument delivered before the
industrial Commission at Washington* by John R. Dos Passos.

dération pan-américaine, réveille agressivement la
doctrine Monroe, et force le gouvernement des États-
Unis à se faire le protecteur des nations de l'Amérique du Sud pour accaparer leurs marchés, au détriment
de l'industrie Européenne et à renier la traditionnelle
politique pacifique pour se lancer dans l'impérialisme
à la conquête de colonies et de débouchés.

Les leaders de la démocratie américaine réclament
des marchés avec des discours de « sang et de tonnerre. » — « Nous avons besoin des marchés du monde
et nous avons besoin de la terre entière, parce que
nous avons plus d'intelligence et plus d'esprit d'entreprise que qui que ce soit, dit Poultney Bigelow, dans
une conférence sur *la lutte future pour les marchés de
l'Est*. Nous avons exterminé les Indiens Peaux rouges
et ce faisant nous sommes devenus un exemple remarquable de la *survivance du mieux adapté :* cette idée
depuis la guerre Hispano-Américaine nous l'avons
inculquée aux nations de l'Europe. Nous avons besoin
des marchés de la terre, parce que toutes les guerres
de notre histoire ont été des luttes pour des marchés.
En 1776 et en 1812, nous avons clamé pour ce que
nous appelions le *libre-échange* et quand nous l'avons
obtenu nous avons dressé le mur de la *protection*.
L'exposition de St-Louis commémore une lutte pour
des marchés. Quand on étudie la guerre de 1861, on
s'aperçoit qu'elle était une lutte pour le marché
national. Nous avions besoin de forcer les gens du
Sud à payer des 20, 30 et 40 o/o pour mettre en train
les industries du Nord. Aujourd'hui nous approchons

d'une lutte pour de nouveaux marchés. » (1). Ce discours qui répond aux préoccupations des chefs d'industrie, a été reproduit par la presse de toute nuance.
L'État major capitaliste, ainsi qu'Attila, dévastera la
terre par le fer et par le feu, pour réaliser des profits
en écoulant des marchandises.

Les nations européennes des XVIe, XVIIe et XVIIIe
siècles alors que naissait et prenait corps la Bourgeoi-
sie capitaliste, se disputaient les armes à la main les
colonies pour voler aux indigènes les métaux et les
bois précieux, les épices, les pelleteries, etc. La Bourgeoisie capitaliste, parvenue à son apogée, s'arrache
par la ruse et par la force, les colonies et les marchés
pour les inonder des marchandises volées au travail
salarié.

Cependant la Bourgeoisie avait annoncé que sa
domination serait toute de paix et de concorde et que
son industrie et son commerce uniraient fraterne.le-
lement les nations. Son philosophe, Auguste Comte,
dont elle vante la stupéfiante profonde profondeur.
prédisait, il y a environ un demi siècle, que l'ère des
guerres était close.

Mais l'emploi industriel des forces naturelles, le
perfectionnement de l'outillage mécanique et l'organisation scientifique de la production sous la domi-

---

(1) Deuxième discours d'une série de Conférences sur *Nos
nouveaux problèmes dans le monde de la politique*, délivrées
par Poultney Bigelow à *la Ligue pour l'Education politique*. 1903.

nation sociale de la classe capitaliste, n'apportent pas
la paix et le bonheur à l'humanité, mais les guerres
internationales et civiles.

La lutte de classes, qui a troublé l'ordre social de
la vieille Europe, ne devait, au dire des penseurs
bourgeois, jamais déchirer la jeune République trans-
atlantique ; son nom n'existait pas dans la langue
politique, tant que tout citoyen « voulant travailler »
Willing to toil comme disait la Chânson des émigrants de l'Ouest, arrivait à la propriété et à l'aisance.
La centralisation des capitaux et des moyens de
production l'ont implanté en Amérique : les luttes du
travail et du capital prennent de telles proportions
et une telle acuité qu'elles font prévoir la guerre civile, que compliquera peut-être une guerre de races.
« Une guerre civile peut éclater, dit P. Bigelow. Je
crois à la guerre civile, comme je crois aux combats
et aux duels entre individus. » Les hommes des trusts
réclament en cette prévision un Napoléon Bonaparte.
Au mois de février dernier, Charles F. Mathewson,
avocat attritré d'un trust de Wall Street, dans un
discours prononcé après un banquet qui réunissait
à Washington cinq juges de la cour suprême et des
personnages politiques et financiers influents, parla
des grèves, de la liberté du travail violée, des ouvriers
imposant leurs conditions par la torche, le revolver et
la dynamite et rappela que la Terreur avait régné à
Paris ; mais qu'un homme qui s'appelait Bonaparte,
fusilla les terroristes envahissant l'assemblée et les
traqua par les rues et « l'ordre succéda au règne de

la Terreur. Ceci devrait être fait ici. » — Ce ne sont pas des paroles en l'air : les États votent des lois contre les ouvriers, que les magistrats, vendus aux capitalistes comme les politiciens appliquent férocement.

Le Congrès de 1902 a réveillé la loi de 1790 sur la milice, organisée pour combattre les Indiens; il a voté des fonds pour sa mise en vigueur et pour l'incorporation de tout homme valide au moment d'une « insurrection domestique », on sait ce que cela signifie. La milice qui était placée sous le contrôle des différents États est mise maintenant sous celui du Gouvernement central. Le ministre de la guerre a remplacé les balles à enveloppe d'acier que fournissaient les arsenaux locaux par deux petites balles, n'ayant d'effet utile que dans un rayon de 200 mètres; il a ordonné aux commandants militaires des régions, où existent des grandes villes, de dresser des cartes militaires de ces villes, en prévisions de manœuvres pour une guerre de rues.

La guerre civile épargnera à l'humanité les guerres internationales que prépare l'accaparement des capitaux et des instruments de travail par la classe capiliste.

Le *Daily People*, l'organe quotidien de New-York du *Socialist labor party*, remarque que les « discours de sang et de tonnerre d'hommes représentatifs comme Tillman, Bigelow et Wise sont de significatives indications et que l'avenir du pays est gros de troubles. La guerre de classe et de races et les guerres internationales poseront à la classe capitaliste de difficiles problèmes. Vouloir les résoudre dans les limites du capitalisme, c'est vouloir détruire la classe capitaliste. Seule une révolution sociale les résoudra. »

II

Organisations industrielles de la production marchande.

a) Organisation corporative du moyen âge.

La production marchande, où l'on produit non pour consommer mais pour vendre et réaliser un profit, a traversé une série d'organisations industrielles avant d'arriver au *trust-system,* comme disent les Yankees. Le trust lui-même, bien que datant d'une quinzaine d'années, si l'on excepte le trust du pétrole, a déjà évolué : d'abord, simple entente secrète ou publique entre industriels rivaux pour travailler de concert et faire cesser entre eux la concurrence, il a donné naissance à une scientifique organisation de la production et à une monopolisation d'une ou de plusieurs industries au profit d'une féodalité capitaliste.

Le trust-system supprime la concurrence, abolit la liberté individuelle du capitaliste exploitant, centra-

lise l'industrie et nous ramène à une sorte d'organisation *corporative* de la production; les trusts de la
plus récente formation ont pris le nom de *corporations*:
bien qu'il dérange la science et la sagesse des économistes et d'autres personnages aussi intellectuels, le
trust-system est cependant le fils on ne peut plus
légitime de la production marchande, l'aboutissant de
son évolution. Mais afin de mettre en relief les carac-
tères distinctifs de l'organisation moderne, jetons
un d'œil sur celle du moyen âge.

Le régime corporatif du moyen âge était une organisation de l'industrie, pour supprimer la concurrence en réglementant la production; il aboutissait à
une monopolisation de l'industrie, que l'on pourrait
appeler démocratique, au profit des maîtres de métier, qui formaient la corporation.

La corporation, afin que tous les maîtres pussent
vivre de leur industrie, limitait le nombre des artisans
qui, dans la ville, pouvaient battre métier et ouvrir
boutique; et afin qu'il existât entre eux une réelle
égalité démocratique, elle limitait pareillement le
nombre des compagnons et des apprentis qu'ils pouvaient employer, fixait le maximum de salaire qu'ils
devaient payer, déterminait la quantité et la qualité
de matière première qu'ils pouvaient ouvrer, ainsi
que le genre d'outils dont ils devaient se servir, leur
défendant l'usage de tout instrument nouveau et tout
perfectionnement de l'outillage ancien : enfin tout
était méticuleusement réglementé pour éviter qu'un
maître eût un avantage quelconque sur ses confrères.

Les syndics, qui à toute heure avaient le droit d'entrer dans n'importe quel atelier, étaient chargés de veiller à l'exacte application de ces multiples règlements, lesquels assuraient à tous les maîtres de métier des conditions égales dans la manufacture du produit et dans sa vente.

L'esprit égalitaire et démocratique qui animait les artisans du moyen âge se retrouvait avant la guerre de 1861 dans la législation des États de l'Union américaine; elle limitait le capital de toute société industrielle et commerciale, afin de l'empêcher d'occuper une trop grande place; mais ajoute Dos Passos qui cite le fait dans sa déposition, cette loi restrictive a depuis 1861 été effacée de la législation de tous les « États commerciaux » proprement dits.

Le système corporatif, qui durant une partie du moyen âge se maintînt dans toute son intégralité, commença à perdre de sa rigidité, surtout après la découverte de l'Amérique, dans les villes qui par leur position géographique et politique devenaient des centres actifs de commerce et d'industrie. La réglementation corporative de la production, bien que battue en brèche et n'atteignant plus le but égalitaire que lui avaient donné les artisans du moyen âge, persistait cependant : elle opposait des obstacles parfois insurmontables à tout progrès industriel. On demandait en France son abolition depuis plus d'un siècle avant la Révolution de 1789, qui l'abolit définitivement.

La liberté absolue de l'industrie et du commerce

fut proclamée : — plus de syndics pour contrôler le nombre des ouvriers, les instruments de travail, la matière première et le produit. Liberté pour tout industriel d'agir en ne consultant que son seul intérêt bien ou mal entendu, d'établir des ateliers là où il voulait et de produire comme et autant qu'il l'entendait. Plus d'entente entre industriels pour s'assurer mutuellement et fraternellement leurs moyens d'existence; tous au contraire rivaux et ennemis et s'entre-ruinant. *Chacun pour soi*, le principe essentiel du christianisme, puisque tout chrétien peut faire son salut tout seul, sans s'occuper du sort de ses parents et des autres hommes, devint le grand principe de la société capitaliste (1).

---

(1) Un guerrier barbare, dont l'histoire à conservé le nom, Wolf, au moment où St Cyrille allait le baptiser, lui demanda s'il rencontrerait au paradis ses compagnons d'armes et les membres de sa tribu. « Non, lui répondit le patriarche d'Alexandrie, ils brûleront aux Enfers. — Alors je préfère aller souffrir avec eux, plutôt que d'entrer tout seul au Ciel » et il planta là le prêtre chrétien, incapable de comprendre ce sentiment de fraternité communiste.

Hérodote le véridique et sagace historien des mœurs antiques, dont les récits ridiculisés par Voltaire sont d'inappréciables documents pour l'historien des mœurs primitives, rapporte qu'il n'était pas « permis au Perse qui offre un sacrifice aux dieux de faire des vœux pour lui seul; il faut qu'il prie pour la prospérité de tous les Perses en général. » (I § 132). Toutes les cités de l'antiquité païenne pratiquaient le principe, si contraire à l'esprit du christianisme, que l'intérêt individuel devait être sacrifié à l'intérêt com-

L'anarchie industrielle succédait à l'organisation industrielle. La concurrence, que le régime corporatif avait d'abord empêché de se produire et qu'il avait entravée ensuite, fut « la loi et les prophètes » du régime capitaliste, selon l'expression de l'économiste Garnier.

La concurrence, qui déchaînait la guerre sans trêve ni merci dans le monde de la production et du commerce, fut proclamée reine souveraine. On la dota de vertus mystiques, qui seules pouvaient développer l'industrie et le commerce, perfectionner l'outillage, abaisser le prix des marchandises, améliorer leur qualité, moraliser l'industrie, le commerce et la finance, et faire le bonheur de l'humanité.

Cependant nous allons voir cette concurrence, condition de toute production, de tout commerce et de toute morale capitaliste, se détruire elle-même et constituer par son propre jeu la centralisation capitaliste, qui aboutit fatalement à l'organisation de l'industrie en trusts, lesquels suppriment la concur-

mun et que l'individu ne devait chercher son bonheur que dans le bien-être de la communauté. Il est vrai que ce principe qui était une survivance du communisme primitif, perdait rapidement de son influence dès le VIIe siècle avant Jésus-Christ dans les villes méditerranéennes, où se développait la production marchande. L'individualisme bourgeois s'y affirmait dans la pratique, avant d'être spiritualisé par la philosophie platonicienne et divinisé par la religion chrétienne.

rence d'une manière autrement efficace que l'organisation corporative.

b) Organisation centralisatrice de la production capitaliste.

Liberté de l'industrie et du commerce et Concurrence, sont pour la bourgeoisie de tous les pays les conditions de la production et de l'échange.

Et c'est précisément parce que les trusts, en organisant des monopoles, suppriment la Liberté et la Concurrence, que les bourgeois des États-Unis réclament des lois pour les mater et les empêcher de naître et de grandir.

Mais il y a beau jour que les bourgeois auraient dû forger des lois pour conserver leur pureté à ces deux sacrés principes éternels ; ils se sont au contraire reposé sur elles pour défendre leur vertu.

La concurrence a indignement abusé de cette naïve confiance ; dès qu'elle entre en action, elle assassine les bourgeois qui l'adorent. Elle ne peut affirmer son existence qu'en réduisant le nombre des concurrents, qu'en rétrécissant le champ de ses ébats. Les industriels les mieux armés de capitaux, les mieux outillés, les plus chançards, les plus exploiteurs du travail salarié, les moins scrupuleux, les plus habiles à falsifier les produits et à flouer la clientèle, remportent la victoire, accaparent le marché, ruinent leurs rivaux, que de patrons ils transforment en prolétaires.

Dans les pays où, il y a un siècle, il y avait des centaines de mille d'ateliers de tissage, de filage, d'ébénisterie, de cordonnerie, etc., il ne reste plus que des dizaines de fabriques et d'usines, concentrant dans leur énorme enceinte l'outillage jadis disséminé sur tout le territoire et possédé par des mille milliers de petits producteurs.

La centralisation industrielle s'est accomplie dans l'anarchie de la production et par l'anarchie de la production.

La concurrence n'arrête pas là son œuvre, elle continue à faire des siennes entre les colosses industriels qui ont ruiné des milliers de concurrents et assimilé leurs biens et leur clientèle. Mais dans les industries comme la métallurgie, la raffinerie, l'extraction du charbon, etc., où la concurrence a réduit à quelques unités le nombre des rivaux, il se manifeste une tendance à modérer l'action de la concurrence en réglementant la production et en fixant les prix de vente.

La production capitaliste, qui pour se développer fut obligée de détruire l'organisation corporative du moyen-âge, fait, depuis un demi-siècle, des tentatives pour le reconstituer sur un autre plan. Maintenant qu'elle arrive à la dernière phase de son développement, on s'aperçoit que ces deux principes éternels, liberté de l'industrie et liberté de l'homme, n'étaient que deux béquilles pour l'aider à parcourir une période de transition. La bourgeoisie n'avait brisé les chaînes féodales qui attachaient le serf

à la terre et au seigneur que pour le soumettre à l'oppression capitaliste; elle n'avait détruit l'organisation corporative qui emprisonnait la production et
l'échange que pour les courber sous le joug d'une
minorité décroissante de capitalistes.

Les grands industriels, afin d'atténuer une concurrence nuisible à leurs profits, ont signé des pactes
secrets déterminant les conditions de production et
de vente de leurs marchandises : ces contrats s'appel-
lent, en Amérique, *pools, combines,* etc.; en Allemagne,
kartells; en France, *syndicats de producteurs,* etc...
Des amendes parfois très fortes frappent les viola-
teurs du pacte et pour qu'il n'y ait pas de contestation
on exige souvent que chaque contractant dépose des
traites qui sont mises en circulation s'il vient à man-
quer à une des clauses du contrat. On surveille sa
production : le *pool* des *wire-nails* (clous de fils de fer),
donnait pouvoir à des inspecteurs de pénétrer à toute
heure dans les usines, de vérifier la comptabilité et
de lire la correspondance de tous ses membres. Mais
quelque précaution qu'on ait prise et quelque oné-
reuse que fût la pénalité du défaillant, il arrivait
constamment que les signataires du contrat le vio-
laient ouvertement ou secrètement dès qu'ils y trouvaient intérêt.

Les fabricants de Manchester, afin de prévenir les
crises de surproduction dans le tissage et la filature,
essayèrent à plusieurs reprises de s'entendre pour
réduire la production. Mais il y a un demi-siècle qu'ils
y ont renoncé, car il se trouvait toujours des faux-

frères qui profitaient de l'occasion pour produire à haute pression, au grand détriment des fabricants assez gogos pour respecter la parole donnée. Ils ont reconnu que le seul moyen d'empêcher l'encombrement du marché était de déclarer une fermeture générale des ateliers (*lock-out*) ou de provoquer une grève générale.

La France fut la première à former ces *pools*, d'après M. H. Babled (1) : plusieurs mines de Saint-Étienne se groupèrent en 1840 pour former une société charbonnière, afin de diminuer la concurrence et de relever les prix ; mais ayant voulu englober dans leur syndicat des mines en dehors du bassin de la Loire, il se produisit de violentes attaques. Le décret du 24 octobre 1852 interdit la réunion des concessions minières. Les producteurs de sel de l'Est ont formé en 1864, un syndicat pour remédier à l'exagération de la production et à l'avilissement des prix, qui a été réorganisée en 1893. Les compagnies d'assurances sur la vie se sont entendu en 1881, pour établir un tarif commun, au-dessous duquel les sociétés contractantes ne devaient pas descendre. Les verriers de la région du Nord et les métallurgistes de Longwy sont entrés dans un de ces contrats, qui dans une certaine mesure paralyse l'action de la concurrence. Ils se sont engagés à ne pas accepter directement des com-

---

(1) *Syndicats de producteurs et de détenteurs de marchandises*, par H. Babled, 1893.

mandes, si ce n'est dans des conditions déterminées. Toutes les commandes sont adressées à un comptoir qui les répartit entre les contractants d'après certaines règles.

Mais les *pools*, les *kartells* et les contrats secrets ou publics entre fabricants n'apportent aucun changement à l'organisation de l'industrie, chaque contractant restant maître de sa fabrique et de son exploitation ; il a de plus la liberté de se retirer du pacte et même de le violer ; on ne s'en est pas privé. Aussi ces contrats, même dans les meilleures circonstances, ont une existence éphémère ; ils deviennent caducs, le résultat recherché une fois obtenu ; et la concurrence, qui pendant un temps avait suspendu ses ravages, les continue comme par le passé.

Le trust est au contraire une permanente organisation nationale et même internationale de l'industrie, sur un plan qui pousse la centralisation à son extrême limite.

Un trust n'est pas une nouvelle entreprise individuelle ou l'évolution d'une entreprise individuelle, grandissant progressivement par la ruine de ses rivaux, mais la fédération ou plutôt l'amalgamation d'un nombre plus ou moins considérable de sociétés, jusqu'alors rivales. Ch. Schwab, qui s'y connaît, le définit « une société de sociétés ». — « La concurrence est la vie de l'industrie », disait la sagesse bourgeoise ; mais le trust répond : « Moindre la concurrence, plus grande la prospérité. »

L'industriel qui entre dans un trust y apporte sa

fabrique et sa clientèle, dont il perd la propriété.
La fabrique peut encore conserver son nom, comme
raison sociale, mais ce n'est ni lui ni ses délégués qui
en conservent l'administration, ainsi que c'est le cas
dans les *pools*, les *kartells* et les *syndicats* de producteurs ; ce sont les directeurs du trust qui la font
administrer. Ils peuvent selon les besoins la développer, si elle est située dans un centre favorable, ou
la réduire et même la supprimer si elle fait double
emploi, ou ne répond plus aux nouvelles conditions
de la production. Le trust du Whiskey qui avait
centralisé 80 distilleries, mit hors d'usage immédiate-
ment 48 et et n'en utilisa que 12, qui fournirent plus
de whiskey que n'en distillaient auparavant les 80
fabriques : le trust produisait 75 o/o de la production
totale des États-Unis. Le trust du sucre fit de même ;
il n'utilisa que le quart des raffineries unifiées et avec
ce quart produisit autant qu'auparavant produisait
toutes les usines.

Les directeurs de la Standard Oil Cᵉ et du trust
du sucre, étaient des *trustees*, c'est-à-dire des hommes
de confiance, armés de pouvoirs discrétionnaires, qui
sans contrôle géraient les entreprises agglomérées et
partageaient les bénéfices entre les porteurs de certi-
ficats. Ce premier mode de gestion, violemment dé-
noncé, a été interdit par l'*Anti-trust law* de Sherman,
elle oblige les trusts à se soumettre aux conditions de
contrôle et de publicité qui sont imposées aux autres
sociétés anonymes.

Le trust remplace par une administration unique

les multiples administrations des fabriques incorporées; cette administration centrale dicte les prix, contracte pour la matière première, le combustible, etc., règle les approvisionnements, centralise les commandes et les dirige à la fabrique où elles peuvent être le mieux exécutées avec le plus d'économie de temps et de transport. Toutes les entreprises incorporées, au lieu de se développer les unes au détriment des autres, sont solidaires, se garantissant mutuellement les profits et les pertes.

Un trust ne se borne pas à réunir sous une même administration des entreprises de même nature, il annexe des entreprises d'autre nature qui leur sont utiles. Par exemple, le trust de l'acier possède des mines de fer et de charbon pour alimenter ses hauts fourneaux, une flotte de bateaux sur le lac Supérieur pour transporter le minerai et le combustible, et des voies ferrées pour véhiculer ses produits.

Les trusts constitués tendent à se fédérer, afin de former une organisation qui embrasserait toutes les industries de la nation. On observe, en effet, que les trusts qui ont des excédents de bénéfices en consacrent une partie à développer d'autres trusts : la Standard Oil qui a concourru à la formation des trusts de l'acier et de l'océan, place tous les ans des centaines de millions dans les entreprises les plus diverses; les bilans publiés au commencement de cette année par l'American Sugar Refining C⁰, le trust du sucre et par la Consolidated Tobaco C⁰, le trust du tabac, montrent que ces deux compagnies ont acheté des valeurs d'autres industries, l'une pour 227 millions et l'autre pour 258 millions. Les grands trusts exercent de cette façon une influence sur l'administration des trusts de moindre importance et comme dans leurs conseils de direction on retrouve presque toujours les mêmes personnalités, on constate qu'il se forme un état-major capitaliste qui travaille à soumettre à son contrôle toute la production organisée des États-Unis.

Ce sont des industriels qui forment les *pools* et les *kartells*, ce sont des financiers n'ayant aucune attache industrielle qui organisent les trusts. Ce fait à lui seul indiquerait qu'on se trouve en présence d'une ère nouvelle de la production marchande, qui n'a fait ses grandes transformations que sous l'impulsion d'individus venus du dehors de la profession. Par exemple, ce ne sont pas les maîtres de métier qui au XVIII° siècle ont élevé les manufactures où s'introduisirent successivement la division du travail, la vapeur et la machine-outil, mais des marchands enrichis dans le commerce des Indes; ce ne sont pas les directeurs des compagnies de diligences qui ont pris l'initiative de l'établissement des chemins de fer, mais des financiers.

Les financiers, quand ils ont décidé la formation d'un trust, invitent les industriels dont ils apprécient l'importance à en faire partie, et déclarent la guerre à ceux qui refusent. Celui qui entre dans le trust évalue la fabrique et la clientèle qu'il apporte; elles lui sont payées argent comptant, mais plus ordinairement en actions ou obligations du trust ; leur valeur est en ce cas majorée parfois de plus de cent pour cent : les yankees disent alors que le capital est *mouillé*, — *watered*. Le capital d'un trust a donc toujours une valeur nominale supérieure à la valeur réelle des fabriques *trustifiées*. Ce *mouillage* du capital permet aux organisateurs des trusts et aux détenteurs de leurs titres de réaliser de gros bénéfices en les écoulant dans le public. L'organisation du trust de l'acier a rapporté à Morgan et à son groupe financier qui avaient avancé un milliard pour sa formation, un bénéfice de 125 millions. Les négociants et les industriels ruinés et dépossédés par les trusts, étalent leur impuissante imbécillité, quand ils se livrent à de vertueuses indignations morales à propos de ce mouillage financier. Le bourgeois qui fait de la vertu un moyen de duperie et de la tromperie un moyen de parvenir, est un parfait nigaud quand il réclame de la vertu pour de vrai chez ses collègues. Cette *sur-capitalisation* est précisément une des principales raisons de la vogue des trusts : dans quel pays et dans quel temps a-t-on vu des industriels et des négociants refusant au nom de la vertu de doubler leurs capitaux même si pour cela il était nécessaire de flouer leur chers concitoyens ?

Un trust n'est en définitive qu'une centralisation industrielle plus complète et plus intense que celle qui se pratique dans les grandes entreprises industrielles : pour qu'il réussisse, il faut qu'il centralise des entreprises déjà fortement centralisées et qui ne peuvent être établies sans d'importants capitaux; ainsi le trust des clous a échoué, parce que avec 5o,ooo francs on pouvait monter une fabrique pour lui faire concurrence; il faut aussi qu'il possède suffisamment de capitaux pour acheter les rivaux ou les ruiner en vendant au-dessous d'eux et qu'il soit aidé par des circonstances exceptionnelles, tels que tarifs de faveur des chemins de fer, droits protecteurs, brevets d'inventions, etc. Les capitalistes yankees encouragés par le succès de la Standard Oil et de quelques autres semblables sociétés, se mirent à trustifier avec une furie plus que française de 1890 à 1896 sans s'occuper des conditions nécessaires à la création d'un trust et à son développement. L'absence de ces conditions, le mouillage des capitaux, la difficulté de rencontrer les capacités directrices pour des entreprises aussi vastes et aussi complexes firent péricliter bien des trusts, que leurs directeurs achevèrent de ruiner en jouant à la Bourse avec leurs actions, dans l'espoir de les relever, ce qui n'est pas légalement interdit aux États-Unis. Ces nombreux insuccès ont fait croire à beaucoup de gens, entre autres aux économistes français, que l'existence des trusts était éphémère, comme celle des *pools*, et qu'ils s'écrouleraient sous leur propre masse. Mais ainsi que le remarquait la *New-York-Tribune* du 31 décembre dernier, « ces insuccès n'ont en aucune circonstance entraîné la dislocation des fabriques et des firmes qui avaient constitué le trust en déconfiture ». Un nouveau trust recolle les morceaux et prend la suite en bénéficiant de fautes commises. Les trusts engendrent des trusts, car un trust qui réussit force ses rivaux à se coaliser en anti-trust pour pouvoir lui résister : si après un temps de lutte, l'un ne parvient pas à détruire l'autre, ils suspendent leur coûteuse concurrence et s'entendent pour former un trust plus vaste qui les fusionne.

Les insuccès de quelques trusts ne sont pas des preuves de l'impraticabilité de la trustification de l'industrie, pas plus que les accidents des chemins de fer ne démontrent l'impossibilité d'utiliser sans danger la traction par la vapeur sur les voies ferrées. Les bénéfices réalisés par les trusts qui ont traversé la période critique du début, sont si considérables, grâce à leur économique et scientifique centralisation, que, malgré des insuccès éclatants et malgré les colères qu'ils suscitent et les menaces légales de répression qui pleuvent sur eux, les trusts se multiplient ou plutôt se sont multipliés, car l'on prévoit que l'année 1903 n'en verra naître qu'un petit nombre; l'industrie des États-Unis étant déjà en partie trustifiée et les capitaux disponibles ayant été absorbés; ce qui n'empêche pas que l'on observe une recrudescence de petites sociétés. Les unes sont formées par des industriels dont les trusts ont acheté les usines et qui cherchent un emploi de leur temps et de leurs capitaux; mais le plus grand nombre sont des *sociétés d'essai*. Un chemin de fer qui a acheté une mine dont il ignore la richesse et un grand trust qui a un nouveau produit à lancer, au lieu de les exploiter directement, en chargent de petites compagnies qu'ils créent dans cette intention : si la mine est pauvre et si le produit ne prend pas, ils en sont quitte pour les liquider, en perdant quelques milliers de dollars, sans que l'insuccès de ces compagnies porte atteinte à leur prestige. Au contraire, si la mine est riche et si le produit réussit, ils les incorporent et se font un mérite du succès.

S'il ne se créera pas beaucoup de nouveaux grands trusts en 1903, ceux qui se sont constitués et consolidés s'agrandiront, incorporant les unes après les autres les entreprises indépendantes se mouvant en dehors de leur orbite et se fusionneront pour former des trusts de trusts, comme la *United States Steel Corporation.*

La monographie de quelques trusts caractéristiques aidera le lecteur à se rendre compte de leur organisation et à se former une idée du *trust-system.*

XXX

III

Monographies de trusts.

a) Le trust du pétrole.

Péricdiquement les journaux annoncent que l'on se
prépare aux États-Unis à passer les trusts au fil de la
loi et que sénateurs, députés, présidents, juges et jour-
nalistes aiguisent les sabres parlementaires. Le public
européen s'imagine que c'est arrivé : il ne se rend pas
compte que les ruines et les faillites que les *trusteurs*
ont semées dans la bourgeoisie industrielle et commerciale ont fait éclore une innombrable plèbe de mécontents, qui trouvent que le monde bourgeois, tel que
l'organisent ces ogres capitalistes, n'est plus le meilleur des mondes possibles. Les politiciens yankees, à
l'affût des occasions pour capter le confiance populaire, tapagent bruyamment contre les trusts, qu'ils
transforment en un tremplin politique, bien supérieur
à la Patrie des nationalistes et à la Justice et à l'Idéal
Communiste de Jaurès. Battage, que tout ça!
L'histoire, si mouvementée, de la *Standard Oil Com-*

moyen de prélever sur la production l'impôt qu'il lui plait de fixer. La raffinerie a complété son système de rançonnement. Le pétrole tel qu'il sort des puits ne pouvant être utilisé, les extracteurs doivent où le raffiner ou le vendre à des raffineurs : Rockefeller et ses complices s'étant emparés des raffineries sont devenus les maîtres des extracteurs. Dernièrement on découvre un riche bassin pétrolifère dans le Texas ; au lieu de chercher des puits ou d'acheter des terrains pétrolifères, ils construisent à Beaumont une raffinerie de 20 millions qui distillera le pétrole que d'autres extraieront. Toutes les semaines, la Standard Oil, d'après l'état du marché, fixe le prix du pétrole brut de façon à ne laisser que le minimum de profit aux extracteurs qui, bon gré mal gré, doivent se soumettre puisqu'ils ne savent comment se débarrasser de l'huile brute qu'il est très dangereux d'emmagasiner. La Standard Oil n'entreprend pas la recherche des poches de pétrole, qui présente des dangers et des pertes nombreuses ; elle abandonne généreusement cette besogne à des entrepreneurs, à qui elle achète le puits, après en avoir constaté le débit, à un prix juste assez rémunérateur pour ne pas les décourager à entreprendre de nouvelles recherches.

Les aventuriers de la South Improvement C°, l'embryon de la Standard Oil, avaient mené une rude guerre contre les producteurs indépendants. Tous les moyens étaient bons : attaques à main armée, explosions par la dynamite des chantiers et des raffineries, incendie des puits. L'enquête établit la complicité

de l'administration du chemin de fer Pensylvanien :
ses tarifs de faveur dépassaient toute mesure. Les
indépendants payaient double le transport de l'huile ;
la majoration de 50 o/o étaient remise aux forbans.
Un déposant déclara que pour transporter son pétrole
à Boston, on exigeait 1 fr. 25 par tonne et par kilomètre ; tandis que le prix moyen des chemins de fer
américains est de deux centimes par tonne et par
kilomètre. Le railway faisait pis : il refusait de mettre
ses wagons-citernes au service des indépendants qui
devaient expédier l'huile en barils et il ne leur fournissait pas de wagons pour les transporter.

Les scandaleuses révélations des enquêtes, car il y
en eut plusieurs, obligèrent le gouvernement à faire
voter « la loi commerciale interfédérale » afin d'empêcher les tarifs de faveur. Ils continuèrent à fleurir
après, comme avant. Cette loi, qui frappe d'amendes
et de prison les délinquants, n'a jamais été appliquée,
dit D. Lloyd, que contre un capitaine de cabotage
qui avait eu l'audace de majorer le prix qu'il faisait
payer à un chemin de fer.

Ce fut une autre histoire quand on établit la canalisation souterraine pour conduire le pétrole aux
wagons-citernes et aux navires-citernes. La Standard Oil s'empara des canaux. Les indépendants se
syndiquèrent pour poser d'autres tuyaux. Elle arma
des bandes de vauriens avec des revolvers et des
fusils Winchester pour chasser les terrassiers creu-
sant les tranchées et avec des crocs pour arracher
les tuyaux posés. Elle alla jusqu'à se servir du canon.

La force brute que la pacifique et chrétienne bourgeoisie emploie pour réduire les ouvriers et les nations barbares, le trust du pétrole la tournait contre ses confrères de la bourgeoisie.

Mais après avoir courbé sous son joug la production, il restait à la Standard Oil à s'imposer au commerce de détail : pour forcer les épiciers à ne débiter que son huile, elle la vendait à prix réduit à leurs concurrents, et quand cela ne suffisait pas elle ouvrait boutique à côté du récalcitrant et vendait toutes les denrées de l'épicerie au-dessous du prix, jusqu'à sa ruine complète. Elle a même organisé une police pour surveiller les détaillants, afin qu'ils ne vendent le pétrole ni au-dessus, ni au-dessous du prix qu'elle fixe.

La guerre du pétrole dura trente ans. Les procès succédèrent aux procès devant les cours de justice et les enquêtes aux enquêtes devant des commissions instituées par le Sénat, le Congrès, les législatures de Pensylvanie, de New-York, de l'Ohio, etc... Le trust gagna les procès, il achetait les juges, ainsi que les avocats de la partie adverse ; il se moquait des enquêtes comme de vaines formalités. Rien de plus caractéristique que les réponses des directeurs de la Standard Oil.

— Quel est le nom de votre société ?

— Dieu le sait, répond le secrétaire du trust, je l'ignore... C'est une chose indescriptible.

— Combien a coûté la pose des tuyaux ?

— Je n'en sais rien, réplique un directeur... je n'ai

été qu'une seule fois dans la région pétrolifère. Je ne suis pas un pétrolier pratiquant... Depuis huit ans je n'ai donné aucune attention aux détails de l'affaire.

— Je ne connais pas les comptes de la Compagnie, répond un autre directeur ; je ne suis qu'un annonceur de dividendes, c'est mon unique fonction.

— Avez-vous donné de l'argent pour les élections ?

— Nous subventionnons toujours le parti le plus fort dans la localité ; le parti républicain, dans un État, le parti démocrate dans un autre.

— Où se tiennent les assemblées de la Standard Oil ?

— Je n'en sais rien.

— Combien il y a-t-il de directeurs ?

— Je l'ignore.

Un directeur, à qui on demandait à cent millions près le chiffre des affaires, répond : « Il m'est impossible de le dire. Nous ne tenons pas de livres. Notre société est une affaire de bonne foi. On écrit des notes sur des bouts de papier, que personne ne conserve. »

Le rapport de la commission d'enquête de la législature de New-York conclut « que les affaires et les opérations de cette mystérieuse organisation sont d'une nature telle, que ses directeurs refusent de les raconter et de donner sur elles des détails, de peur que leurs témoignages ne servent à les convaincre d'avoir commis des crimes. »

Les législatures de New-York et de l'Ohio prononcèrent la dissolution de la Standard Oil « parce qu'elle est organisée pour un but contraire à l'esprit de nos lois... parce que son but est d'établir un monopole dans le pays, qui lui permettrait à son gré de contrôler la production, de dicter les prix et de supprimer la concurrence. De telles associations sont contraires à l'esprit de nos lois ; par conséquent frappées de nullité ».

La dissolution fut décrétée en 1892. La Standard Oil Company procéda à sa liquidation pour renaître, par un simple jeu d'écritures, *Standard Oil Company de New-Jersey*. Elle n'eut pour se mettre à l'abri de ces ridicules tracasseries qu'à transporter fictivement son siège dans l'État de New-Jersey, qui est entièrement placé sous le contrôle des trustificateurs.

La liquidation loin d'arrêter le développement du trust l'accéléra ; les dividendes qui étaient de 12 o/o triplèrent et quadruplèrent. Les dividendes qui en 1897 étaient de 157 millions s'élevèrent à 240 millions en 1901 et à 225 millions en 1902. Un seul des directeurs, Rockefeller toucha, dit-on, en une année, la somme de 120 millions. Le colonel Dracke, qui découvrit le bassin pétrolier de Pensylvanie, serait mort de faim, si quelques amis ne s'étaient cotisés pour lui servir une pension alimentaire.

La Standard Oil, avant l'organisation du trust de l'acier, était le plus formidable trust des États-Unis ; elle domine le marché du pétrole dans le monde entier ; on dit qu'elle a fusionné avec le trust du pétrole de Russie, organisé par les Rothschild, avec le concours du ministre des finances, M. de Witte ; en tout cas les deux trusts s'entendent pour dicter les prix et se partager la clientèle de l'Europe et de l'Asie (1). Il vient de se former un nouveau trust au capital de 100 millions agglomérant quinze entreprises pétrolières de l'Ohio, de la Pensylvanie et de la Virginie : mais il ne s'est pas constitué pour entrer en concurrence avec la Standard Oil, car il déclare qu'il « ne veut pas disputer sa suprématie sur le marché du pétrole ». Il est probable qu'il s'entend déjà avec elle et que dans un avenir plus ou moins prochain elle l'absorbera.

La Standard Oil possède des raffineries de pétrole dans les principales villes du Nord des États-Unis, à Rouen, à Marseille, etc., des puits d'huile dans la Pensylvanie, l'Ohio, le Kentucky, la Virginie et le Texas et une canalisation souterraine, de plus de 1.300 kilomètres de tuyaux, qui à tous les 120 kilomètres a de puissantes pompes pour aspirer et refouler le pétrole. Elle produit 65 o/o de la prcduction pétrolière, soit environ 9 milliards de litres. Sa flotte de

---

(1) Production du pétrole en 1901 en barils de 42 gallons, scit de 190 litres :

États-Unis.....	69.389.194....	41.95 % du total
Russie..........	85.168.556....	51.50 —
Autres pays...	10,827,983....	6.55 —

Depuis 1898, la Russie l'emporte sur les États-Unis; auparavant c'était le contraire; en 1897, la production américaine était de 60 millions de barils, celle de Russie de 54 millions. Il se pourrait que les nouveaux champs d'huile du Texas rendissent le premier rang aux États-Unis. —

navires-citernes transporte l'huile raffinée dans presque toutes les parties de la terre. Elle a annexé à ses raffineries des ateliers pour fabriquer des barils, des bidons, des lampes et des fourneaux à pétrole, et des usines de produits chimiques pour utiliser les sous-produits de la distillation, qui dans les raffineries moins importantes sont perdus : elle utilise tout, les déchets de la distillation dont on ne peut rien tirer, elle s'en sert comme combustible. Une des plus lucratives branches de la Standard Oil est la fabrication de la cire et de l'huile lubréfiante : elle passe des contracts avec les chemins de fer pour lubréfier tout le matériel roulant avec ses propres employés.

L'accumulation de la richesse de la Standard Oil suit la marche progressive et automatique, que Marx a décrite. Ses énormes bénéfices, qui ne peuvent être consommés par les associés, laissent un excédent annuel, que l'on évalue à environ 250 millions ; les directeurs sont obligés de les consacrer à l'achat des valeurs d'autres entreprises, qui concourent à accroître ses bénéfices.

La Standard Oil a mis la main sur les railways qui desservent les régions pétrolifères, et possède des intérêts importants dans tous les autres chemins de fer, ce qui lui permet de prélever des droits de péage sur la circulation des minerais de cuivre, de fer, d'argent, sur celle des charbons, des bois, des résines des pignades, des fruits de la Floride, de la viande et des céréales de l'ouest et du coton du sud. Elle s'est implantée dans les industries donnant les plus gros bénéfices, dans les télégraphes, le gaz, les tramways, les aciéries, les chantiers de construction navale, les mines de fer des États-Unis et du Canada, les terrains à bâtir, les hôtels des villes d'eaux de la Floride, etc... On annonce que la Standard Oil vient d'acheter au général Gaspar Ochoa le volcan Popocatepeti au prix de 25 millions et qu'elle va établir un chemin de fer funiculaire pour exploiter sur une grande échelle ses dépôts de soufre.

La Standard Oil s'est alliée avec Morgan pour constituer le trust de l'Acier et le trust de l'Océan.

La Standard Oil, avec plus de réalité que le Bon Dieu des chrétiens, est omniprésente partout où l'on vole la classe ouvrière.

Son monopole est un fait établi qu'aucun pourfendeur de trusts ne songe à contester. Et ainsi qu'il arrive toujours en pays capitaliste, Rockefeller et ses complices de la South Improvement C° pour qui les pétroliers de 1872, ruinés et dépossédés, réclamaient les galères, ayant empilé millions volés sur millions volés, sont devenus les plus honorables et les plus honorés membres de la société bourgeoise, adulés et servilement courtisés par les hommes politiques de tous les partis, les prêtres de tous les christianismes et les intellectuels de toutes les marques.

b) Le trust du tabac.

Les fumeurs d'Allemagne, au commencement de cette année, trouvaient dans leurs paquets de tabac et de cigarettes le passe-partout suivant :

« Cette marque n'est pas achetée par l'argent américain. Votre devoir vous ordonne, d'empêcher que
l'Allemagne ne devienne sur son propre territoire
l'esclave de l'Amérique. Allemands, soyez fidèles au
drapeau. N'achetez que des cigarettes faites par des
Allemands, si vous ne voulez pas enlever le travail à
des milliers d'Allemands. »

L'*American Tobacco corporation*, — une des Compagnies du trust du tabac — fait des siennes en Allemagne : il y a quelques mois, elle a conquis la fière
Albion ; sans perdre une minute, elle entreprend la
conquête de l'empire de Guillaume. Elle remet en
pratique la tactique qui lui a si bien réussi en Angleterre et aux Etats-Unis, qui consiste à acheter une
ou plusieurs des plus importantes manufactures du
pays, et à déclarer aux autres une guerre de prix
réduits aux débitants et de primes aux acheteurs,
qui vont d'un tire-bouchon à un piano et à un auto-
mobile.

L'American tobacco corporation avait acheté en
Angleterre la maison Ogden, afin de s'assurer un
pied-à-terre pour commencer la conquête des îles
britanniques. Treize grands fabricants se syndiquèrent
pour lui disputer le sol de la patrie. La guerre de
bas prix et des primes, qui réjouissait les fumeurs
d'Outre-Manche, fut si ruineuse, que les jingoes
durent se soumettre et incorporer leurs manufactures
dans le trust, qui pour préserver le souvenir de sa
victoire et affirmer son caractère international prit
le nom d'*Anglo-American tobacco corporation* : il pos-

sède les deux tiers des actions du trust internatio
nal.

Le trust anglo-américain a établi son quartier général à Dresde, où existent les plus grandes manufacture de tabac d'Allemagne. Il a acheté la maison Jas-
matzi ; c'est jusqu'ici la seule qu'il avoue posséder ; il
l'a outillé avec les plus récentes machines américaines
de cigarettes et de cigares, et il a commencé son jeu
de prix réduits et de primes. On ajoûte qu'il s'est
assuré pour une forte somme le concours de MM.
Lœser et Wolf, qui, à Berlin, possèdent plus de cinquante débits de tabacs.

Les fabricants allemands qui déjà éprouvent de la
difficulté à se procurer la matière première, que le
trust accapare, se sont coalisés avec les grands débitants ainsi que l'avaient fait les Anglais, pour former
l'Association des manufactures de tabac de l'Allemagne : ils ont commencé par demander aide et se-
cours aux ministres de l'intérieur de Prusse et du
commerce de Saxe ; l'un recommande de ne pas vendre
les manufactures, et l'autre promet de consacrer ses
veilles à l'élaboration d'une loi pour les protéger.

Mais que pourront-ils faire ? Que des bourgeois
demandent au gouvernement de les défendre contre
les procédés brutaux de la Standard oil ou du trust
du Whiskey qui recouraient aux coups de fusil, de
canon et de dynamite, cela se conçoit. Mais les procédés de guerre de l'Anglo Américan Corporation :
prix réduits, primes et production à meilleur marché
grâce à son colossal capital, à son outillage perfec-

tionné et à la centralisation internationale de son industrie, sont des procédés bourgeois, tout ce qu'il y
a de plus selon la Liberté et la Concurrence et de
plus selon l'immanente et éternelle Justice de l'idéo-
logie bourgeoise. Les ministres allemands assisteront
les bras croisés à la ruine de leurs chers compatriotes
et quand tout sera terminé, ils diront : *Amen*, et le
Tartarin impérial prononcera sur leurs tombes un
discours romantique. A moins que le gouvernement
jouant le rôle de troisième larron, ne profite de
l'occasion pour réaliser le désir qu'il nourrit depuis
des années et ne monopolise au profit de l'État l'industrie et le commerce des tabacs. Le sort des manufacturiers allemands est réglé, mais pas gai : ils
seront mangés ou par leur ennemi ou par leur protecteur.

Herr Mœller, le ministre du commerce de Prusse,
afin de manifester l'intérêt qu'il leur porte, dans un
discours prononcé en février à Brême, exhorte les
commerçants d'Allemagne à s'organiser afin d'acquérir, ainsi que les agrariens, une action politique et
parlementaire. « L'Allemagne, dit-il, doit mettre en
pratique les méthodes de son grand rival, les Etats-
Unis, si elle veut conserver sa supériorité commerciale et industrielle. Syndicats, Trusts, en un mot,
Centralisation sont aujourd'hui les secrets du succès
commercial. Il appartient à l'Allemagne de développer
un système de syndicats, dont les inconvénients inévitables devront être corrigés moins par des lois, que
par la force d'une opinion publique éclairée exerçant

son action salutaire sur les chefs de ces gigantesques organisations industrielles. »

Le ministre prussien sachant qu'il n'y a que le diamant qui taille le diamant, conseille d'organiser des trusts allemands pour résister aux trusts américains, qui avant même de débarquer en Allemagne battent en brèche son industrie et son commerce sur le marché international. L'industrie électrique allemande a compris cette nécessité. Il vient de se former à Berlin un trust qui fusionne la Société Siemens et Halske avec la maison Schuckert et deux autres compagnies d'électricité qui s'étaient déjà réunies en décembre dernier. *Organisons des trusts!* sera bientôt le mot d'ordre de la production Européenne; il l'est déjà en Angleterre et en Allemagne. Le *Wall Street Journal* dit qu'en 1902, il existait déjà en Allemagne 380 trusts.

Cela n'empêche que les Économistes continuent à annoncer impertubablement la fin prochaine des trusts, qui en centralisant les industries, font entrevoir leur réglementation par la société, c'est-à-dire le proportionnement des moyens de production et des produits aux besoins sociaux, ainsi que le préconise le socialisme. La science des Économistes, qui ne peut nier l'existence des trusts, est forcée de nier la possibilité de leur durée, sous peine de proclamer sa propre déchéance. Mais les trusts en se consolidant et en se généralisant exposent la futilité de la science des Économistes. Quelle science! — Les sciences physiques étudient les phénomènes et le jeu des forces de la nature afin de les soumettre au service de l'homme. La science des Économistes au contraire pose en principe qu'on doit laisser absolument libres les forces économiques, qu'on ne doit jamais espérer pouvoir les contrôler, les diriger. Donc l'homme qui dompte et domestique les terribles et aveugles forces de la nature doit se laisser broyer par les forces économiques dont il est cependant le créateur. — Il est vrai que la domestication des forces naturelles concourt à créer la richesse des capitalistes et que la domestication des forces économiques les dépouillerait de leurs moyens d'exploitation du travail salarié et que les économistes sont les serviteurs intellectuels de la classe capitaliste.

Malheureusement pour eux, les cigarriers allemands ne peuvent mettre en pratique les bons conseils du ministre prussien; beaucoup d'entre eux prévoyant la lamentable fin qui les attend, offrent aux anglo-américains leurs manufactures soit contre de l'argent comptant, soit contre des actions du trust. Mais ceux-ci font la sourde oreille et attendent qu'un accord intervienne avec quelques grands fabricants, pour juger s'il vaut mieux acheter à prix réduit ou écraser les fabriques de deuxième ordre.

L'Anglo-Américan Tobacco Corporation, l'Allemagne conquise, s'occupera probablement de conquérir la Hollande, la Belgique et les autres pays d'Europe où les tabacs ne sont pas monopole d'Etat. Un télégramme de Constantinople à Londres du 25 janvier annonçait, qu'elle avait pris des arrangements avec

La Porte pour l'achat de la presque totalité de la production de tabac de la Turquie. Il y a quelque temps on disait qu'elle se préparait à incorporer la Compagnie des Tabacs des Philippines, qui en dehors de la culture, de l'achat, de la fabrication et de la vente des tabacs, fait des opérations agricoles, industrielles et immobilières, ainsi que des opérations de transport, de banque et de recouvrement d'impôts. Elle est un trust de 75 millions de pesetas, fondé en 1881.

La conquête des nations européennes n'absorbe pas l'énergie du trust au point de lui faire négliger son pays natal : il s'étend et s'arrondit aux Etats-Unis ; les journaux annoncaient continuellement qu'il vient d'incorporer de nouvelles manufactures soit de tabac à priser ou à chiquer, soit de cigarettes ou de cigares.

Le trust pèse d'une main lourde sur les planteurs ; ils se plaignent que depuis sa fondation le prix du tabac en feuilles baisse au point de n'être plus rémunérateur. Ils se coalisent en sociétés de résistance pour la relève des prix : ce qui vient d'arriver aux fermiers des environs de Shelby n'est pas encourageant. Ils s'entendirent pour ne pas vendre au prix dicté par le trust et pour ouvrir un marché public à Shelby, comme à Louisville, où ils porteraient leur récolte et où les agents du trust et les fabricants indépendants viendraient faire leurs achats de tabac qui serait livré au dernier et plus fort enchérisseur. Au jour dit, les fabricants indépendants et les agents du trust arrivèrent ; mais ces derniers firent grève et refusèrent de faire au-

cune offre. Il y avait moins de demandes d'achat que
d'offres de vente. Le trust est un si gros acheteur,
que sa seule abstention fît baisser les prix. Les indépendants, profitant de l'occasion, proposèrent des prix
si ridicules, que les planteurs refusèrent de vendre et
portèrent leurs récoltes aux magasins du trust, qui les
paya au prix qu'il avait fixé.

Les planteurs se préparent de tous les côtés à combattre le trust, « qui dans un avenir prochain les ré-
duira à une situation telle qu'ils seront obligés d'accepter le prix qu'on offrira pour leurs récoltes, quelque
bas qu'il sera, » déclare Herbert Myrick le promoteur
de l'organisation des planteurs du Conneticut : ils
ont fondé une société au capital de 250,000 francs
pour construire des magasins où l'on classera et ven-
dra leurs tabacs ; ils espèrent grouper des propriétaires possédant 60.000 hectares et produisant une
récolte annuelle de plus de 25 millions. Tandis que les
fermiers de toutes les régions où l'on produit du tabac,
s'agitent, le trust accapare le marché du monde ; il
vient de se rendre maître de la Havana Commercial
Tobacco Cᵒ, de la maison Henry Clay et Bock et
d'autres maisons, qui représentent 85 o/o de la capacité productive de l'île de Cuba.

Les débitants n'ont pas la laisse longue : le trust
les traite plutôt despotiquement ; il leur impose la
quantité et la qualité des marchandises qu'ils doivent
vendre ainsi que le prix qu'ils doivent demander. Il
ne leur délivre leurs commandes qu'à la condition
qu'ils acceptent d'autres marchandises qu'il a intérêt

à écouler. Un des riches marchands de New-York, dont la boutique est des mieux achalandées, ayant voulu regimber, le trust lui ordonna de retourner dans les vingt-quatre heures les cigarettes qu'il lui avait achetées. Il obéit. Le trust, afin de tenir en bride les débitants, se sert des épiceries : le Potin de New-York et ses succursales vendent les produits du trust. L'Anglo-Américan tobacco corporation asservit le commerce; elle arrivera à distribuer les bureaux de tabac, comme le fait l'Etat français. Elle établit déjà des boutiques; on prétend que les débitants qui forment la société dite des Indépendants, ne sont que ses agents.

Les fabricants, les planteurs et les débitants espérant par leur union, constituer une force à opposer au trust, viennent de former à Chicago une association nationale. Son premier acte a été de demander au gouvernement de ne pas abaisser le tarif de douane sur le tabac de la Havane, parce que le trust est acheteur de 85 o/o des tabacs importés de l'île de Cuba, que les Etats-Unis se sont annexés. Que penser des dires des économistes et des politiciens, qui affirment que le libre-échange tuerait les trusts? Certes, les tarifs protecteurs ont grandement facilité leur naissance et développement; mais maintenant qu'ils sont organisés et consolidés, la suppression des tarifs douaniers les aiderait à écraser leurs concurrents moins bien outillés en capitaux et en machines.

Le trust opère des miracles : mieux que le christianisme à l'*aimez votre prochain comme vous même*, il est en train de développer, chez les bourgeois qu'il ruine, l'amour pour les ouvriers. La grande organisation des fermiers américains, qui, il y a quelques années, échoua dans le mouvement populiste et bi-métalliste, était aussi bien dirigée contre les chemins de fer et les capitalistes, qui transportaient et achetaient leurs récoltes, que contre les salariés qui concouraient à les produire. Mais l'Association nationale des fermiers, des fabricants et des débitants de tabac, qui a réuni un capital de cinq millions, un pistolet de paille à opposer au canon d'un milliard du trust, a décidé de l'employer à établir des manufactures où ne seraient embauchés que des syndiqués et où la journée de huit heures serait appliquée. L'Association américaine, ainsi que le syndicat allemand adresse aux ouvriers, au nom du travail, des appels désespérés pour qu'ils se refusent à fumer et à chiquer le tabac du trust; elle dénonce même la manière dont il exploite ses ouvrières.

Les trusts, qui révolutionnent la production et l'échange bourgeois, bouleversent les sentiments des bourgeois; bientôt on ne les reconnaîtra plus.

Quelle multitude de bourgeois ont dû, pendant ces années de pullulement de trusts, être lésés dans leurs intérêts, puis qu'on estime que le seul trust du tabac, sans parler des planteurs, porte tort à 27.000 manufacturiers de cigares, à 3.000 manufacturiers de tabac à fumer et à chiquer, à 400 manufacturiers de cigarettes, à 2.000 importateurs de tabacs étrangers et à 60.000 détaillants, qu'une création du trust, l'Union des boutiques de cigares, (*United Cigares Stores C°*) travaille à déplacer.

Le rapport annuel du trust du tabac, publié dans le courant de mars, montre les progrès de la trustification dans cette branche d'industrie et laisse bien peu d'espoir aux manufacturiers qui essayent de s'unir pour lui faire concurrence.

Le rapport officiel publié par la Commission du gouvernement des Etats- Unis estimait que les bénéfices réalisés dans toutes les branches de l'industrie des tabacs (cigares, cigarettes, tabac à priser, à chiquer et à fumer) s'élevaient à la somme de 233 millions pour l'année de 1901. On peut, en tenant compte du taux d'accroissement des années précédentes, porter à 250 millions la somme des bénéfices pour l'année 1902.

Le rapport de la *Consolidated Tobacco Company*, qui englobe l'Anglo-Américan Tobacco Corporation et plusieurs autres sociétés, établit que son bénéfice pour 1902 a été de 162 millions et demie, ne laissant par conséquent, pour tous les autres manufacturiers réunis à peine 88 millions. Ainsi donc le trust du tabac, qui date de 1901 et qui a sacrifié une partie de ses bénéfices pour assurer sa suprématie aux Etats-Unis et en Angleterre, a cependant empoché 65 o/o des bénéfices réalisés par toute l'industrie des tabacs.

c) Le trust de l'acier.

Les trusts, parce qu'ils révolutionnent le monde économique, bouleversent le monde idéologique : ils ébranlent et renversent les idées les mieux assises et proclamées vérités éternelles, parce que jusqu'ici l'expérience de la bourgeoisie les avait trouvées d'accord avec les phénomènes du milieu social, dans lequel elle se développait. Une classe régnante croit de bonne foi que les idées qui poussent dans son milieu et qui servent à sa domination sont immuables et immortelles.

Il était admis, comme vérité irréfutable, que pour prospérer une industrie devait se tenir dans certaines limites de grandeur, qui franchies, amenaient fatalement la ruine de l'industriel mégalomane; cette vérité était et est encore l'argument irrésistible des Prud'hommes de l'Économie politique contre l'organisation nationale de l'industrie que demandent les socialistes; aussi quand la renommée des trusts américains traversa l'Atlantique, les économistes européens et les hommes de savoir et de prudence haussèrent les épaules et traitèrent d'erreurs économiques ces gigantesques entreprises industrielles : ils prophétisèrent qu'elles ne dureraient qu'un temps, qu'elles s'écrouleraient sous leur propre masse et que leurs édificateurs apprendraient ce que coûte la violation des lois de l'économie orthodoxe. Mais les trustificateurs yankees, sans se soucier des dogmes de l'église économique et des prédictions de ses pontifes, continuèrent à organiser des trusts et à élargir leur envergure. Les capitalistes américains qui dans la pratique des affaires ne tiennent nul compte des vérités éternelles de l'Économie politique, ont la naïveté de croire qu'elles seront de quelque utilité contre le socialisme. Des hommes d'affaires et des politiciens du Massachussets viennent de fonder sous la direction de Marc Hanna, le *boss* du parti républicain, une société pour organiser des conférences et publier des brochures afin de répandre les saines doctrines de l'Économie politique et de réfuter les erreurs du socialisme dont le développement dans les « villes éclairées » devient un danger. Ces capitalistes estiment donc que, comme la Religion chrétienne, la Science des Economistes n'est bonne que pour duper les imbéciles et les ouvriers.

Il y a dix ans, un trust de 5o millions était de première grandeur; l'année dernière, quand le statisticien financier, J. Moody, dressa la liste des trusts enregistrés depuis septembre 1899, il ne daigna y faire figurer que ceux dont le capital était au moins de 5o millions. Dans la décade qui vient de s'écouler, il s'est constitué des trusts de plusieurs centaines de millions; ils donnent des preuves si surprenantes de vitalité et de prospérité que les économistes, si cela était possible, devraient commencer à douter de leur science. Leurs capitaux sont si énormes qu'ils font entrer dans la numération courante des chiffres mystérieux, dont on ne se servait que pour supputer les budgets et les dettes publiques d'une demi-douzaine de grandes nations (1).

---

(1) Platon, qui, dans le *Timée*, fait dialoguer un astronome, attribue l'origine de la numération à l'observation

L'*United States Steel Corporation* — le trust de
l'acier — nous lance dans la valse vertigineuse des
centaines de millions et des milliards : elle est la plus
formidable centralisation de capitaux et de travailleurs que le monde bourgeois ait vue. Elle exploite
une armée de 168,327 salariés, d'après le dernier rapport, rien que dans ses ateliers et dans ses mines, qui,

---

de la succession du jour et de la nuit et de celle des mois
lunaires et des années. L'homme, avant de connaître le
cours des astres et de diviser l'année en quatre et même
trois saisons, a su compter. « Le nombre, disait le pythago-
ricien Philolaus, réside dans tout ce qui est, et sans lui il
est impossible de rien penser et de rien connaître ». En
effet, la qualité des objets qui tout d'abord frappe l'intelligence de l'animal et de l'homme, est qu'ils sont distincts
les uns des autres par la forme et la position qu'ils occupent
dans l'espace, c'est là le point de départ de la numération.
La capacité de compter a été lentement acquise par l'esprit humain ; on a trouvé des sauvages dont la numération
s'arrêtait à trois, d'autres plus développés comptaient jusqu'à 20 sur leurs doigts et leurs orteils et pour tout nombre
qui dépassait 20, ils disaient *beaucoup*. Vico remarque que
pour les Romains le nombre 60, puis 100, puis 1,000 sont
des quantités innombrables. Les Hovas de Madagascar
disent pour 1,000 le soir; pour 10,000 la nuit et le mot
tapitrisa dont ils se servent pour million signifie littérale-
ment *fini de compter*. Le mot milliard était pour nous un
nombre innombrable : lorsque l'indemnité de la guerre de
1870-71 le rendit populaire, on dut recourir à toutes sortes
d'images et de comparaisons pour en donner une idée; les
trusts l'implantent dans l'imagination populaire; on compte
par milliards, comme autrefois par millions.

avec ses autres propriétés, représentent une capitalisation de 7 milliards 220 millions, dont 5 milliards 665 millions forment le capital-actions et 1 milliard 555 millions le capital-obligations. La maison P. Morgan a émis cette année pour la Steel Corporation un emprunt de 1 milliard 250 millions d'obligations à 5 o/o remboursables dans 60 ans; mais le trust se reserve le droit de les rembourser dans dix ans à 110 o/o.

La *Steel Corporation*, est un trust de trusts; elle est l'unification de dix trusts colossaux : *Federal Steel Company*, 499 millions; *American Bridge C°*, 3o5 millions; *American Steel and wire C°*, 450 millions; *American tin plate C°*, 231 millions; *American Steel hoop C°*, 165 millions; *American Steel Sheet C°*, 245 millions; *National Steel C°*, 295 millions; *National tube C°*, 400 millions; *Lake Superior Consolidated Iron mines*, 141 millions; *Carnegie C°*, 1 milliard 584 millions.

Les dix compagnies unifiées avaient déjà unifié sous leur administration des hauts-fourneaux et des ateliers éparpillés dans onze États : Massachussets, Illinois, Californie, Ohio, Michigan, Indiana, Kansas, Pensylvania, New-York, Washington et Minnesota. Quelques-unes possédaient des mines de fer, de charbon et d'étain situées dans plusieurs États.

Ces compagnies, formées en trusts, après la crise du fer de 1898, avaient agglomérées chacune les principales usines d'une même spécialité, de manière à ne laisser en dehors que des pigmées pour rivaux, dont elles n'auraient pas à redouter la concurrence :

elles espéraient n'avoir pas occasion d'entrer en lutte, les unes contre les autres. Mais l'usine Carnegie s'étant mise à fabriquer des tubes et des tuyaux d'acier et de fonte, comme la Nationale tube Co ; celle-ci se préparait à lui répondre, et à empiéter sur son domaine. C'était la guerre déclarée entre colosses ; les dommages auraient été irréparables. Alors apparut Morgan, un milliard à la main, pour mettre la paix : secondé par Rockefeller et Schwab, il réussit à les fédérer en un gigantesqne trust de l'acier, qui fut enregistré dans l'Etat de New-Jersey, le 25 février 1901. Les dix compagnies reçurent pour la valeur de leur propriété des actions du nouveau trust, à l'exception de la maison Carnegie, qui voulut être payé en obligations, ce qui fut remarqué et commenté dans les milieux financiers. La propriété des compagnies, qui avait été majorée lors de leur première trustification, fut de nouveau majoré de 72 o/o. Le capital de la Steel corporation est donc énormément *mouillé*.

La Steel Corporàtion, qui provient de l'unification de ces dix compagnies, dès le premier jour de sa constitution, devenait maîtresse de 149 aciéries, d'une capacité annuelle de 9 millions de tonnes de produits fabriqués et prêts à être livrés à la consommation, sans besoin d'aucune nouvelle transformation ; de 78 hauts-fourneaux, d'une capacité de 6 millions et demi de tonnes de fer et de fonte ; de 17,000 fourneaux à coke ; de 36,000 hectares de terrains houillers, de 12,000 hectares d'autres terres ; de plus de 70 o/o du minerai de fer de la région du Lac Supérieur ; d'une flotte de 125 navires sur le Lac Supérieur et de 800 kilomètres de railway pour transporter le charbon et le minerai à ses usines et d'autres propriétés.

La Steel Corporation, à peine née, se mit à avaler — *to gobble up* — d'autres trusts: la *Shelby tube Company* de 68 millions, l'*Union Steel* de 250 millions, qui avait avalé la *Sharon Steel C°* et la *Lackawanna Steel C°* de 200 millions; elle a, de la sorte, augmenté le nombre de ses hauts-fourneaux, de ses fours à coke, de ses laminoirs, etc., et agrandi ses champs de houille et de minerai. Mais son appétit croît en mangeant; elle se propose d'avaler cette année de nouvelles usines pour transformer en produits achevés tout son acier Bessemer et tous les autres produits, qu'elle vendait comme matière première à d'autres Compagnies qui les soumettaient à des préparations industrielles pour en faire des marchandises prêtes pour la consommation. En attendant qu'elle parvienne à ce résultat, elle mène une rude guerre contre deux de ses rivales, la *Republic Iron and Steel C°*, qui est un trust de plusieurs aciéries et la *Jones and Laughlin C°*, un des plus dangereux concurrents de Carnegie. Les procédés qu'elle emploie pour les forcer à se soumettre sont caractéristiques et prouvent son extraordinaire puissance; elle a empêché l'accès de Pittsburg à un chemin de fer rival de la Pensylvania Railway où domine Rockefeller, afin de gêner l'écoulement de leurs produits; d'un autre côté elle a accaparé toute la production de coke de la H. C. Frick Company, qui leur fournissait le combustible. On dit que la

4.

Jones and Laughlin C⁰ est prête à se laisser acheter et on prédit que la Republic Iron and Steel C⁰ ne pourra tenir un an.

Les Compagnies métallurgiques que, pour une raison ou une autre, la Steel Corporation n'a pas encore absorbées, elle cherche à les contrôler, en plaçant dans leurs conseils de direction et d'administration ses hommes de confiance. La *Chicago pneumatic tool C⁰*, enregistrée il y a un an avec une capitalisation de 37 millions, a dans son comité exécutif Max Pam et Charles M. Schwab, tous deux membres de l'exécutif de la Steel Corporation. Charles M. Schwab, l'ex-directeur de la Compagnie Carnegie, incorporée dans le trust, est, avec P. Morgan et Rockefeller, le promoteur du trust de l'acier. L'*Allis Chalmers C⁰*, enregistrée en mai 1901, avec une capitalisation de 121 millions, est présidée par E. H. Gary, qui est le président de séance du comité exécutif de la Steel Corporation. Joseph E. Schwab, le frère du fameux Charles Schwab, est le président de l'*American Steel Foundries*, enregistrée en juin 1902, avec une capitalisation de 200 millions. Il est difficile de connaître toutes les Compagnies que la Steel Corporation tient de cette façon sous son contrôle.

La Steel Corporation ne borne pas son ambition à vouloir consommer comme matière première son énorme production d'acier, de fonte et de fer brut; elle entend se fournir à elle-même tout le minerai de fer et d'étain et tout le charbon dont elle a besoin pour alimenter et chauffer ses hauts-fourneaux et ses fours à coke. Elle est déjà parvenue à accaparer suffisamment de mines métalliques pour extraire le minerai qui lui est nécessaire et avoir un surplus qu'elle vend à d'autres fabricants : mais comme ses besoins grandissent à mesure qu'elle incorpore de nouvelles usines métallurgiques, elle achète constamment d'autres mines ; elle vient d'acquérir, au prix de 50 millions, la mine Champion, la seule qui, dans la région des lacs, ne possédait pas de hauts-fourneaux et d'ateliers métallurgiques. P. Morgan négocie l'achat, dans le Minnesota, pour 60 millions de terrains à minerai de fer et dans le Mexico pour une somme analogue, 2,400 hectares de terrain où l'on vient de découvrir des dépôts de minerai d'une extrême richesse. On prête à la Steel Corporation l'intention de s'emparer de suffisamment de mines métalliques pour forcer les Compagnies rivales à s'adresser à elle afin de se procurer du minerai. L'accaparement des mines de charbon n'est pas aussi avancé : P. Morgan travaille ferme à l'armer de compagnies houillères : on dit qu'en ce moment il est occupé à se rendre maître des mines de charbon bitumineux du Kentucky et à incorporer avec ses mines de charbon la H. C. Frick Cº qui fournit le coke a un grand nombre d'aciéries de Pensylvanie. Elle vend une si grande quantité de minerai et de coke, que c'est elle qui fixe les prix du marché.

La production de la Ste. Corporation est aussi colossale que son capital : en 1901, le minerai extrait de ses mines représentait les 44 o/o de la production

totale des États-Unis ; sa production de fonte de fer
les 43 o/o, elle était de 6,8o3,3g8 tonnes, deux fois plus
forte que celle de la France, qui n'est que d'environ
trois millions de tonnes et presque égale à celle de
l'Allemagne dont la moyenne de ces dix dernières
années est de sept millions de tonnes; elle a considérablement augmenté, puisque le trust a incorporé
de nouvelles usines métallurgiques et a construit un
grand nombre de hauts-fourneaux. Sa production
d'acier Bessemer représentait les 66 o/o, celle de fils
de fer pour clous les 65 o/o, celle des rails d'acier,
d'acier laminé et de charpentes de fer les 5o o/o de
toute la production de la République américaine.

Cette monstrueuse production a été entièrement
absorbée : il est vrai que durant ces quatre dernières
années la prospérité industrielle des États-Unis a été
si phénoménale, que sa production métallurgique, qui,
en 1902, dépassait le chiffre de 17 millions de tonnes,
n'a pu suffire aux besoins de l'industrie et qu'il a fallu
réduire les exportations et recourir à l'importation de
fonte et d'acier pour plus d'un million de tonnes.
Les usines indépendantes ont profité de ces *années
grasses* pour se multiplier et s'agrandir ; « comment
résisteront les petites compagnies quand viendront
les *années maigres* est une question pleine d'intérêt »,
dit le Journal de Wall Street, le centre financier de
New-York (1).

---

(1) Quelques chiffres caractériseront l'étonnante activité
industrielle de ces trois dernières années de trustification.

La Steel Corporation n'a pu donner libre carrière à sa boulimie de mines et d'usines, que parce que ses

---

Il y a trois ans, les États-Unis produisaient moins de charbons que l'Angleterre : ils la laissent aujourd'hui de 50 millions en arrière. La production de charbon était en 1901 de 266 millions de tonnes, en 1902 de 268 millions, malgré la grève des mineurs de Pensylvanie.

Il y a dix ans, les États-Unis produisaient moins de fonte que l'Angleterre, à peine 9 millions de tonnes; en 1902, ils produisent autant que l'Angleterre, l'Allemagne et la Belgique réunis.

Production de fonte en 1901. 15.878.000 tonnes.
—   en 1902. 17.821.000 —

L'énorme production de 1902 a été insuffisante ; il a fallu importer 1.313.000 tonnes de fonte et d'acier ; tandis que l'exportation tombait à 372.000 tonnes, elle était en 1900 de 1.154.000 tonnes. La consommation a donc absorbé 18.762.000 tonnes.

La demande ayant dépassé l'offre, les prix ont monté.

Prix de la tonne.	1902	1901	1900
Fonte Bessemer..	103 f. 35	79 f. 65	97 f. 45
Rail d'acier......	140 —	136 66	161 29
Billes d'acier.....	152 57	120 65	125 30

Les prix de 1902, à l'exception de ceux des rails d'acier qui, en 1900, étaient très élevés, n'ont pas été dépassés depuis dix ans. Dans ces six dernières années ont a construit 40 225 kilomètres de chemin de fer, autant que tout le réseau français. Les États-Unis possèdent 321.000 kilomètres de voies ferrées.

Le trafic sur les chemins de fer était si considérable

directeurs se démènent fiévreusement pour assurer des débouchés à ses innombrables produits et pour

---

en 1902, qu'il y eut une *railway congestion;* les wagons et les locomotives faisaient défaut pour le transport des marchandises. Le bénéfice net pour l'année finissant en juin 1902 augmentait de 2.042 francs par kilomètre et la déperse de 1.254 francs.

Le nombre de maisons de commerce et d'industrie particulières et de sociétés publiques par actions, était :

En 1893...................... 1.193 000 fr.
1901...................... 1.198.901
1902...................... 1.238.553

Le nombre des maisons particulières et de sociétés publiques n'augmentait que de 3,6 o/o pendant cette décade de prospérité ; mais si elles croissaient peu en nombre, elles croissaient considérablement en importance, indiquant ainsi l'intense concentration de capitaux qui s'est accomplie pendant la décade.

Clearing house de New-York et du reste du pays.

	New-York. (Milliards de francs).	Reste du pays. (Milliards de francs)
1892......	310	»
1900......	430	167
1901......	595	196
1902......	590	209

Le chiffre de 1892 n'avait jamais été atteint. Les clearings de New-York sont démesurément gonflés par les opérations, auxquelles donnent lieu les spéculations de la Bourse. Les

consommer, dans des entreprises alliées ou incorporées, ses rails, ses charpentes de fer et ses plaques
pour navires.

Le bâtiment ayant aux États-Unis participé à l'activité générale, les compagnies de constructions se
sont multipliées et agrandies : un trust qui a fusionné
dix de ces compagnies, avec une capitalisation de
330 millions, s'occupe spécialement de construction
à charpentes d'acier ; et, comme il fallait s'y attendre,
à sa tête, en qualité de président, se trouve l'homme
qui est un peu partout, Charles Schwab. Le trust de
constructions de navires en acier, enregistré en juin
1902, avec une capitalisation de 100 millions, a incorporé la *Bethleem Steel Company* que le susdit Schwab
avait achetée.

P. Morgan rivalise avec Schwab : il est en pour-
parlers pour *morganiser* les tramways de Chicago et
des alentours et pour établir des voies ferrées souter-
raines dans la ville. Il est en train de construire 15,000
kilomètres de railways dans les États du Sud ; il vient
de faire un voyage à la Havane pour conférer avec
William Van Horn, président du *Canadian Pacific
railway*, et administrateur du syndicat des lignes
cubaines ; il se propose de développer les lignes fer-

---

clearings du reste du pays, où ces spéculations ne jouent
qu'un rôle secondaire, sont une meilleure expression de la
marche des affaires. De 1900 à 1902 les clearings de New-
York ont augmenté de 27 o/o ; ceux du reste du pays de
20 o/o.

rées de Cuba et d'établir une nouvelle ligne de paquebots entre New-York et la Havane; son groupe de financiers administre déjà 89,000 kilomètres de chemins de fer, près du tiers du réseau ferré des États-Unis, qui est de 321,000 kilomètres; celui de la France n'est que de 40,000 kilomètres. Rockefeller, qui, avec Morgan et Schwab, est un des principaux promoteurs du trust de l'acier, contrôle avec son groupe de financiers l'administration d'un considérable réseau ferré. Morgan est à la tête du trust des constructions maritimes; il vient de faire capituler après douze mois de lutte la maison W. Cramps and Sons, qui possède les chantiers les plus étendus des États-Unis : cette victoire lui assure le monopole des constructions maritimes. La Steel Corporation possède donc d'importants et de permanents débouchés pour ses fers et ses aciers dans les chemins de fer, les constructions urbaines et maritimes que contrôlent directement ou indirectement ses directeurs.

Le trust de l'Océan, où l'on retrouve Morgan, Rockefeller, Schwab et les hommes de la Steel Corporation, qui sera complété par la *Morganisation*, déjà commencée, des chantiers de constructions maritimes en Amérique et en Europe, lui procure pour ses fers et ses aciers un débouché qui ira s'élargissant et un moyen de les disséminer aux quatre coins du monde. Quand les *années maigres* viendront pour l'industrie américaine, la Steel Corporation, qui jusqu'ici a trouvé aux États-Unis même le placement de ses produits, en inondera le marché international. Comment l'industrie métallurgique d'Europe résistera à cette concurrence, est une autre question pleine d'intérêt.

Morgan, l'entreprenant et infatigable metteur en mouvement d'entreprises aussi hardies que colossales, est en ce moment à la tête d'un syndicat de spéculateurs – *pool* – disposant d'un capital de 250 millions pour contrôler la récolte du coton des États du Sud, afin d'en diriger l'exportation pour l'Europe vers New-York, le principal port d'embarquement du trust de l'Océan. Peut-être a-t-il d'autres projets de derrière la tête ?

La Steel Corporation n'entend pas s'emprisonner dans les limites de la patrie américaine, déjà trop étroite pour épuiser sa dévorante activité : là où il y a des mines et des usines à accaparer, là est sa patrie. Un de ses directeurs, Philipps, est en ce moment à Calcutta pour étudier l'exploitation des mines de fer des Indes anglaises et l'établissement d'usines métallurgiques ; la Steel Corporation ne pouvant s'emparer des chemins de fer de la Russie, qui sont propriété de l'État, a voulu mettre la main sur leur matériel roulant. Schwab offrit de prendre les 60,000 actions de l'*International Sleeping Car Company* du chemin de fer de Moscou à Port-Arthur : le Directeur, pris d'inquiétude, ne consentit à lui en céder qu'une partie ; mais Morgan, lors de son voyage en Europe, en a emporté un autre paquet. Il est partout où se construit des chemins de fer, il est membre du groupe financier anglais du chemin de fer de Bagdad ; il a disputé à son rival Yerkes la construction du métropolitain électrique de Londres.

Les trusts, ces colosses industriels, qui agglomèrent sous une même direction des industries jusque-là autonomes, bien que dépendantes les unes des autres, obligent les directeurs à confondre et à souder ensemble les intérêts les plus divers et les plus opposés et à posséder un pied-à-terre un peu partout, même dans les entreprises n'ayant aucun rapport avec celle qu'ils administrent. Morgan, Rockefeller, Schwab et les hommes de la Steel corporation, qui ont pour domaine les mines métalliques, les charbonnages, les raffineries de pétrole, les railways, les compagnies de navigations et de constructions urbaines et maritimes, s'implantent dans les sociétés d'assurances, afin de se procurer des fonds et le placement des actions de leurs entreprises. Le président du Comité des finances de la *New-York life insurance Company*, G. P. Perkins, qui lui a fait placer 109 millions de ses fonds dans l'achat d'actions des dernières entreprises de Morgan, est associé de la maison Morgan, où il reçoit un salaire de 1,250,000 francs par an, en plus de son tantième dans les bénéfices des affaires.

La nécessité d'avoir toujours disponibles des capitaux considérables pour leurs vastes entreprises a obligé P. Morgan à nouer d'étroites relations avec trois des sept groupes de banques de New-York et Rockefeller avec deux. Ces sept groupes de banques avaient avancé le 14 février à des sociétés de toute nature une somme de plus de 5 milliards.

Au fruit, on connaît l'arbre. Les profits, la seule chose qui intéresse et passionne les capitalistes sont les fruits de toute entreprise industrielle et commerciale en période de production marchande. Qu'importe que les salariés, surmenés de travail, ne connaissent aucune des douceurs de la vie et consument leur force vitale dans des ateliers, pires que des bagnes; qu'usés avant l'âge, ils engendrent une race maladive et dégénérée; qu'importe que les produits *sabotés* vivent ce que vit la camelote, que les détaillants des marchandises dorment sur l'oreiller de la faillite, que les consommateurs floués paient horriblement cher le prétendu bon marché!... Que les profits abondent et la Philanthropie, l'Altruisme, la Justice, la Morale et le Christianisme du Capitalisme sont satisfaits. La Steel corporation réalise l'idéal capitaliste, elle donne de juteux profits.

La United States Steel Corporation vient de publier son premier rapport annuel sur l'exercice de 1902; elle l'a fait reproduire dans les journaux d'Europe pour rassurer les industriels et les économistes qui avaient des inquiétudes sur son sort. « Ce compte rendu est stupéfiant par l'immensité des chiffres qui se déroulent devant nos yeux » dit un journal financier de Paris.

Tout payé et déduction faite des dépenses pour les réparations et l'usure de l'outillage, les profits de la Steel Corporation, pour l'exercice de 1902 se sont élevés à 686,540,118 francs. Les soldes disponibles ont été affectés comme suit :

Fonds pour amortissement du capital
et perfectionnement de l'outillage. . 143.244.088
Intérêt du capital-obligations. . . 78.217.427
Dividende du capital-actions. . . 288.672.265
Reliquat. 176.406.338

La production de la Steel Corporation pour l'exercice 1902 se décompose comme suit :

Minerai de fer extrait. . . . tonnes 16.063.179
Coke fabriqué 9.521.567
Charbon extrait. 709.367
Produits des hauts fourneaux . . . 7.975.530
Production d'acier. 9.743.918
Laminés et autres produits fins. . . 8.197.233
Zinc en plaques. 23.982
Sulfate de cuivre 14.224
Ciment. . . . . barils. 486.357

Le chiffre d'affaires résultant de la vente de ces
divers produits, y compris les recettes brutes du
chef des transports et celles des entreprises diverses,
s'est élevé à 2,886,628,966 francs ; les dépenses de
fabrication et d'exploitation à 2 milliards 118 millions ;
les frais généraux d'administration à 68 millions.
Les 288 millions de dividendes font ressortir à plus
de 5 o/o l'intérêt des 5,665 millions du capital-actions :
mais il faut tenir compte de ce fait que le capital des
trusts est toujours *mouillé*, c'est-à-dire majoré, parfois
de 50 et de 100 o/o. On ne peut connaître ce taux de
majoration. Or, le capital-actions de la Steel Corpo-

ration est deux fois majoré, puisqu'elle est un trust de trusts, l'unification de Corporations dont le capital a été déjà majoré lors de la première trustification : on ignore le taux du premier mouillage, celui du second est de 72 o/o. Mettant à 100 o/o le taux de majoration du trust de l'acier, ce qui certainement est au-dessous de la vérité, le dividende du capital-actions serait donc de 20 o/o.

Le bénéfice net pour le premier trimestre de 1903 en cours, marque une diminution de 10,603,850 fr. due à l'encombrement du trafic des chemins de fer, qui a entravé les livraisons, mais il sera comblé et au delà, car pour bien des catégories des produits les plus lourds : rails, matériaux de constructions, etc. la totalité de la pleine production des usines, jusque fin 1903, est vendue d'avance.

Ces chiffres étonnent même les capitalistes habitués à jongler avec des millions.

Le *Globe* de Londres, que les sept milliards de la Steel Corporation troublent et inquiètent, faisait remarquer qu'il y a cent ans, en 1801, toute la fortune des Etats-Unis était évaluée à cette somme. Mais le *Wall Street Journal,* transporté de jubilation, calcule que les intérêts servis par toutes les compagnies de chemins de fer de la République américaine ne se totalisent pas en une somme aussi forte que celle des profits de la *United States Steel corporation;* et il ajoute : « cette gigantesque concentration de capital, d'énergie humaine et de profits se reflète sur les prêts des banques de New-York et prolonge

son action sur le marché monétaire international »,
le centre, toujours grossissant, où convergent les vols
commis sur le travail salarié et d'où partent les nerfs
des entreprises capitalistes.

IV

Action économique du Trust-System.

a) Intégration industrielle.

Les trusts en fédérant et en unissant sous une direction unique des entreprises industrielles les plus diverses, qui se développaient sous des directions indépendantes les unes des autres, engendrent une nouvelle organisation de la production dont les parties se commandent et s'enchaînent logiquement les unes aux autres. Cette méthodique organisation qui supplante l'anarchie régnante dans le monde économique et que les Américains nomment le *trust-system*, ainsi que « l'unité de plan » de Geoffroy St-Hilaire, découvert dans l'évolution des organismes naturels, n'a pas été préconçu par des intelligences supérieures, mais s'élabore au fur et à mesure que ces organismes économiques se consolident et évoluent. Le trust-system n'est pas encore parvenu à son entier développement ; cependant il accentue si énergiquement ses lignes principales, que l'on peut s'en former une idée générale, qui nécessairement sera incomplète dans les détails.

Le trust-system s'attaque à la production, et non à l'échange; contrairement à ce que préconisent les utopistes bourgeois, depuis Proudhon jusqu'à M. Méline, dont la réforme panacée est de faciliter aux producteurs le crédit, la vente des produits et l'achat des marchandises dont ils ont besoin. Il concentre les efforts des « généraux de la finance » à organiser et à développer la production, à transformer ses procédés et à perfectionner son outillage, pour qu'elle rende le plus de profits avec le moins de dépenses. Il affirme de la sorte son caractère pratique et marque sa place dans l'évolution du Capital.

L'industrie capitaliste qui, pour s'introduire, dut briser et ruiner l'industrie corporative, continua cependant à maintenir la spécialisation des métiers, que les artisans du moyen-âge avaient poussé à ses dernières limites. Les manufacturiers, qui remplacèrent les maîtres des métiers, bornèrent, ainsi qu'eux, leur activité industrielle à la production d'un seul genre de marchandises et même à une seule branche de sa production : le manufacturier qui tissait le drap, ne filait, ni ne teignait la laine, que d'autres préparaient pour son usage. Ce cantonnement dans une seule opération industrielle, n'était pas voulu, comme au moyen-âge, par esprit de fraternité, afin de permettre à chaque artisan d'avoir une profession indépendante et lucrative, mais était imposé par le peu de capitaux dont disposaient les industriels; aussi à mesure que les capitaux s'accumulèrent, les fabriques s'agrandirent et s'annexèrent des industries complémentaires, soit pour préparer la matière première, soit pour achever le produit. Il y eut même des industriels, qui s'occupèrent de sa livraison au consommateur : des fabricants d'Écosse ont ouvert à Londres et dans d'autres villes des boutiques de tailleurs pour vendre comme vêtements les draps dont ils avaient filé, teint et tissé la laine; le Creusot et d'autres sociétés métallurgiques possèdent des mines métalliques et des charbonnages pour se procurer la matière première et le combustible et contractent sans intermédiaires avec l'Etat et les Chemins de fer pour la fourniture de canons et de locomotives.

Mais cette intégration des éléments d'une production, dont on livre directement le produit au consommateur, que l'on peut observer sporadiquement dans certaines catégories de la production, est loin d'être un fait général, soit à cause de la faiblesse des capitaux accumulés individuellement, soit à cause de la nonchalance, de la timidité et de l'incapacité des chefs d'industrie; elle était jusqu'à ces dernières années, plutôt une indication de la marche que devait suivre l'évolution de la production capitaliste.

Les sociétés anonymes, en centralisant des masses importantes de capitaux, qui leur permirent de mettre sur pied de vastes entreprises, accentuèrent la tendance d'annexer des industries complémentaires à une industrie principale. La production en Europe ne

s'engageait dans cette voie qu'avec hésitation : des
sociétés anonymes, comme les Aciéries de France,
qui possèdent des mines métalliques dans les Basses-
Pyrénées et des charbonnages dans l'Aveyron, font
cependant venir leur houille d'Angleterre et leur minerai de Bilbao et de Suède; la Compagnie des Aciéries de la Marine, qui est un trust au petit pied de
20 millions, réunissant sous une même administration
les Usines de St-Chamond, de Rives-de-Gier, d'As-
sailly, de Givors et du Boucau, achète la fonte qu'emploie pour la production de ses aciers l'Usine de
St-Chamond, une des plus considérables de France,
fabriquant des plaques de blindages, des roues, des
essieux montés et autre matériel de chemin de fer.

L'industrie optique, très développée en Allemagne
et relativement centralisée, puisque les deux tiers des
ouvriers qu'elle emploie, travaillent dans 29 usines,
porte témoignage de la difficulté qu'éprouve l'industrie européenne à sortir de l'ornière de la spécialisation, léguée par l'organisation corporative. Les
établissements d'optique, proprement dite, ne s'occupent que de la taille des lentilles et des verres, cer-
tains arrondissent exclusivement les verres, que
d'autres placent dans les montures; d'autres fabriquent les montures. Les ateliers Gorz, à Friedenau,
près Berlin, qui emploient près de 900 ouvriers et
560 machines, commandées électriquement, fait venir
le verre de Paris et d'Iéna. La fabrique Karl Zeis, à
Iéna, est une des seules qui ait commencé l'intégration des éléments de l'industrie optique : elle emploie

plus de 1200 ouvriers, dont une moitié dans l'atelier mécanique et l'autre dans l'atelier d'optique proprement dite.

Tandis que l'industrie européenne s'engageait avec lenteur et circonspection dans la voie de l'intégration industrielle, les Américains, depuis un quart de siècle, s'y sont précipités avec une remarquable intelligence pratique et une soif brûlante de profits. Les aciéries de Pensylvanie et de la région des lacs, avant de s'amalgamer pour former la United States Steel Corporation étaient équipées de mines métalliques, de charbonnages, etc. Les chemins de fer d'Europe, ne possèdent que des ateliers de réparations; ceux des États-Unis ont, depuis longtemps partie liée avec des usines métallurgiques pour la fabrication des rails et d'autres pièces du matériel roulant.

La tendance fortement centralisatrice qui se manifestait dans toutes les catégories de la production américaine devait être portée à son maximum d'intensité par le trust-system, qui ne l'a pas inaugurée, mais qui l'a intelligemment dirigée et méthodiquement accélérée, afin de lui faire rendre tous ses effets utiles.

Le trust-system n'amorce pas un mouvement nouveau, mais précipite une évolution commencée, quand il assemble sous une direction unique des industries similaires, qui s'endommageaient mutuellement par la guerre concurencielle, quand il groupe autour d'elles des industries complémentaires et les équipe d'autres industries et d'institutions de crédit afin de leur procurer des matières premières, du combustible, des moyens de transport, des capitaux, etc. ; quand il s'occupe de la vente des marchandises qu'elles fabriquent, et quand, ainsi que la Steel Corporation, qui peut être prise pour son type supérieur, il absorbe des industries qui consomment les produits qu'elle fabrique, afin qu'il ne reste à vendre que le surplus de la consommation.

Parvenu à cette phase, le trust-system, dont on désigne les organismes d'un mot de l'époque barbare, -- trust -- applique le principe directeur de la production précapitaliste, que l'on observe dans la période patriarcale et féodale (1). Les agronomes de l'antiquité

---

(1) *Trust* est un mot de la vieille langue scandinave, que Grimm dérive de *trôst* ou *traust*, qui signifie protection, tutelle. *Trôst* dans le Niblunge est dit pour protecteur. Être dans la *truste* d'un chef, être son *antrustion*, c'était être sous sa protection. Les hommes libres et les serfs qui étaient dans la *truste* des rois mérovingiens avaient droit à un *wergeld* (dommage) supérieur pour toute injure.

Le mot tombé en désuétude dans la langue française, mais usité dans la langue anglaise, avait conservé son sens barbare. Un *trustee* est le gérant des biens de toute personne incapable de les administrer à cause de son âge ou de toute autre raison. On dépose dans les *Trust-Banks* des États-Unis les biens des mineurs. Les communautés religieuses et socialistes des États-Unis nomment *trustees*, les hommes de confiance qui ont la gestion de leur avoir. Les directeurs de la Standard Oil, le père du trust-system, étaient les *trustees*, c'est-à-dire les hommes de confiance des actionnaires. C'est de là probablement que vient l'emploi du mot *trust* pour désigner les sociétés industrielles.

latine et de la Renaissance du XVI° siècle, Caton,
Columelle, Olivier de Serres, etc., qui sont les économistes de ces époques pendant lesquelles l'agriculture est l'industrie dominante, recommandaient aux
propriétaires fonciers — patricien latin et seigneur
féodal — de produire sur leurs terres tous les objets
dont ils avaient besoin pour n'avoir rien à acheter et
de ne vendre que le surplus de leur consommation pour
se procurer les objets de luxe qu'ils ne savaient et ne
pouvaient manufacturer. Ces écrivains n'avaient pas
la prétention de dire quelque chose de nouveau, mais
de formuler en préceptes, ce qui se pratiquait depuis
des siècles; en effet, les communautés de village non
seulement produisaient les récoltes nécessaires à la
consommation des habitants ne vendant que le surplus, mais entretenaient aux frais de la communauté
des artisans (forgerons, tisserands, tailleurs, etc.),
pour confectionner les objets dont ils avaient besoin.
Quand les agronomes donnaient en Italie et en France
leurs sages conseils, on avait dépassé le moment de
leur complète application, on était entré dans la période de production marchande, où l'on ne produit
plus pour consommer, mais pour vendre et réaliser
un profit.

Mais il s'en faut que tous les trusts, même les mieux
organisés et consolidés soient parvenus à ce stage
de l'évolution. Ceux dont la matière première est
fournie par l'agriculture, et ils sont nombreux (trusts
de la viande, des cuirs, du sucre, du tabac, des fruits,
du beurre, etc), n'essayent pas de la produire ou ne le

font que sur une échelle excessivement réduite : ils
trouvent plus profitable de laisser aux cultivateurs
les déboires de sa production, pour n'en récolter que
les bénéfices ; ils imitent la *Standard Oil* qui n'entreprend pas la recherche des poches de pétrole, mais
les achète d'après le rendement à des prospecteurs
qui en ont tous les aléas. Mais si ces trusts ne possèdent ni troupeaux, ni champs de labours, ils font la
loi aux éleveurs de bestiaux et aux cultivateurs ; ils
dictent les prix des récoltes et des bestiaux.

Les trusts en attendant qu'ils se décident à entreprendre la production de la matière première agricole, sont destinés à accentuer la domination déjà
si lourde que les banques, les chemins de fer, les
compagnies d'irrigations et les commerçants font
peser sur l'agriculture des États-Unis.

Les fermiers des Etats du Nord et de l'Ouest ont fait
d'énergiques efforts pour secouer ce joug. Ils avaient
constitué une puissante organisation, dite les *Granges*,
ou les *Patrons de l'industrie*, qui en 1874 d'après son
historien, E. W. Martin, groupait 880.000 cultivateurs
en 22.000 sections ou Granges ; ils payaient une coti-
sation qui en 1873-74 s'éleva à 1.794.900 francs. L'association se chargeait de l'achat et de la distribution
des marchandises agricoles et industrielles nécessaires
à ses membres ; elle s'occupait de la vente de leurs
récoltes ; en 1876, elle possédait 5 bateaux à vapeur,
32 élévateurs, 22 entrepôts pour emmagasiner des céréales et du tabac, des meuneries pour moudre le blé et
même des ateliers pour fabriquer des instruments agri-

coles (1). Un instant elle fut une puissance politique, qui domina les législatures de plusieurs Etats, principalement du Wisconsin et de l'Illinois, et les obligea à prendre des mesures législatives pour règlementer les tarifs des chemins de fer. Elle échoua dans le mouvement bimétalliste à la recherche de l'argent à bon marché dont avait besoin ses membres pour payer leurs dettes. De nouveau les campagnes, plus pressurées que jamais depuis l'organisation des trusts, fermentent. Mais tout mouvement que les fermiers entreprendront pour secouer le joug capitaliste, s'il n'est pas combiné avec le mouvement socialiste, est destiné au même sort, à avorter.

Cette infériorisation de l'agriculture, qui caractérise la production capitaliste est un obstacle au développement en son entier du trust-system. En effet, une branche de l'industrie ne peut être complètement organisée, ainsi que le veut le trust-system, que si ses principales entreprises, déjà fortement centralisées s'unissent, annexent successivement les industries complémentaires et entreprennent la production de la matière première. La Standard Oil qui a débuté par l'accaparement de la raffinerie du pétrole, s'est ensuite emparé des puits d'huile, des canaux et des lignes de bateaux pour son transport, puis elle a établi des usines chimiques pour la préparation des sous-produits et des ateliers par la fabrication des bidons, des four-

---

(1) E. W. MARTIN, *History of the Grange movement.*

neaux et lampes à pétrole. La Steel Corporation n'a pas commencé par grouper des usines à clous, vainement tentée, mais par unifier des usines, forgeant les rails et autres grosses pièces métalliques, qui déjà possédaient des mines de houille et de minerai.

L'industrie minière qui fournit à la métallurgie la matière première et le combustible, est complémentaire et partant secondaire dans l'industrie métallurgique, quelle que soit autrement son importance.

Mais il n'est pas de même dans un grand nombre d'industries qui demandent à l'agriculture leur matière première, dont la production nécessite à elle seule autant, si ce n'est plus de dépense d'énergie humaine que ses différentes transformations en produit industriel. La culture des céréales est une industrie principale comparée à la meunerie, à la boulangerie et à la fabrication des pâtes alimentaires, de la bière et de l'alcool de grains; il en est de même de l'élevage des bestiaux relativement à la boucherie, à la corroierie, à la cordonnerie, à la filature et au tissage de la laine, à la taille des vêtements etc... Ces multiples industries ne sont que des opérations industrielles qui préparent pour l'usage la matière première, dont la production constitue l'opération principale.

Ces industries se sont organisées en trusts indépendants les uns des autres, qui ne produisent pas leur matière première. L'agriculture, phénoménalement développée depuis la guerre civile, à pris aux États-Unis le caractère de la grande production capitaliste, elle est préparée pour jouer son rôle dans le trust-

system par l'étendue des surfaces cultivées sous une
même administration, par la masse des capitaux engagés, par l'emploi des machines et par l'organisation
des travailleurs : elle semble n'attendre qu'un choc
pour entrer dans le mouvement; il se pourrait que ce
choc lui soit donnée par les Compagnies d'irrigation.

L'agriculture des immenses plaines de l'ouest souffre
du manque d'eau ; des sécheresses intermittentes y
ruinent les récoltes : il est toute une région, *Arid
America*, de plus d'un million de kilomètres carrés, qui
a besoin d'eau pour être d'une constante et surprenante
fertilité. La où des compagnies ont fourni l'eau les récoltes y sont trois fois supérieures à la moyenne. Le
rapport annuel du Bureau de l'Agriculture de Washington pour 1898 estime que dans les parties irriguées et
cultivées capitalistement de la Californie, l'abondance
est telle, que le coût de production d'un boisseau de
blé est tombé à 75 cents, soit un peu plus de 2 francs
l'hectolitre.

Les fermiers du Colorado et de l'Utah se sont associés pour faire en commun des travaux d'irrigation,
nécessairement limités par le manque de capitaux. Le
major Powel, l'ancien directeur du Bureau géologique
des Etats-Unis estime qu'en une seule génération on
pourrait fertiliser par l'arrosage une surface de 36 millions d'hectares : ce calcul n'a rien d'exagéré quand
on connaît la rapidité avec laquelle les Yankees mènent
à fin ce qu'ils entreprennent. Le gouvernement anglais des Indes a pu, en un demi siècle, exécuter des
travaux pour irriguer une superficie de 6 millions d'hec-

tares, avec une dépense de 460 millions, qui en 1900-1901 ont donné un revenu net de près de 44 millions, soit près de 10 o/o. Des Compagnies, armées de gros capitaux, sont à l'œuvre un peu partout dans les Etats de l'Ouest, arrosant et accaparant les terres, qu'elles revendent ou louent à des fermiers; quelques-unes cependant les cultivent et commencent à entreprendre les transformations industrielles de leurs récoltes.

Le mois de février dernier, il s'est formé dans la Louisiane, au capital de 30 millions, une société, *the Union rice and irrigation C°* pour l'irrigation des terres et la culture du riz, de l'orge et d'autres céréales et leur préparation en produits alimentaires. Une compagnie de sucre de betterave, *the Utah beet sugar C°*, au capital de 35 millions, se prépare à constituer un trust avec deux autres sociétés de l'Utah, l'une sucrière, *the Utah sugar C°*, et l'autre d'irrigation, *the Bear River Water C°*, qui possède 14.000 hectares arrosés par son vaste système de canalisation. Si ce nouveau départ ne tourne pas court, les Compagnies d'irrigation engageront l'agriculture américaine dans la voie du trust-system.

Ces compagnies, maîtresses de l'eau et par conséquent du sort des récoltes, font la vie dure aux fermiers, qui en Californie ont vainement essayé de secouer leur joug : elles sont appelées à jouer pour l'organisation des trusts agricoles, le rôle joué pour l'organisation des trusts industriels par les Compagnies de transport par eau et voie ferrée et par la canalisation pour la conduite du pétrole. Les Rockefeller et

les Morgan ont dû les mettre dans leur jeu pour pouvoir écraser les rivaux et bâtir sur leurs ruines les
trusts gigantesque du pétrole, de l'acier, du sucre, etc.

b) — Trust-system et Commerce

Le trust-system, qui vise surtout et avant tout l'organisation de la production, ne perd pas cependant de
vue l'écoulement des produits; il les suit jusque chez
les détaillants et crée une police pour les surveiller
afin que ceux-ci ne les falsifient pas et qu'ils les vendent au prix fixé. Le commerce qui a fait la loi à l'a-
griculture et à l'industrie est détrôné de sa position
dominatrice, le trust-system le place sous la loi du
producteur capitaliste.

Le commerce au début de la période manufacturière régentait la production : les manufactures qui
entraient en lutte avec les ateliers des maîtres des
corporations avaient été établis par des marchands;
mais beaucoup pour ne pas avoir les soucis et les
risques de la production, fournissaient la matière
première à des artisans, possédant les instruments
de travail qui la leur rendaient ouvrée : l'industrie
de la soie a commencé ainsi dans la région Lyon-
naise; il y a vingt ans, il y existait encore des *canuts*;
c'est ainsi qu'on nommait ces artisans, maîtres de
l'instrument de travail, qui tissaient la soie, fournie
par le négociant, lequel prenait le titre de *fabricant*.

Les producteurs s'émancipèrent en achetant la matière première, il est vrai, par l'entremise du marchand,

à qui ils recourraient encore pour la vente de leurs produits aux consommateurs. Ces commerçants intermédiaires (commissionnaires, courtiers, *brokers* etc.) étaient considérés indispensables. L'industrie capitaliste, même parvenue à un très haut développement resté tributaire du commerce; l'impôt dont il frappe la production est des plus lourds, surtout depuis que la matière première (blé, laine, coton, soie, peaux, fonte etc.) est devenue matière à spéculations, et à coups de Bourse. Les trusts qui produisent leur matière première ou qui l'achètent directement au producteur et qui vendent directement leurs produits aux détaillants, sont débarassés de ces coûteux intermédiaires. Ils suppriment aussi une partie des placiers, commis voyageurs, etc., qui prélevaient un tantième sur le prix de vente.

Le trust-system qui diminue le champ d'action du commerce en gros, transforme le commerce de détail. Le débitant qui devenait le maître de la marchandise, une fois qu'elle avait franchi le seuil de sa boutique, qui la vendait au prix qu'il voulait et qui pouvait la falsifier et la présenter au client comme il l'entendait, perd ces droits sur les marchandises des trusts. Mais ici encore le trust-system n'innove pas, mais généralise une nouvelle méthode commerciale introduite, avant qu'il ne prit naissance. Les drogues pharmaceutiques et les produits brevetés, les conserves alimentaires, les liqueurs fines, etc.., sont livrés au boutiquier dans des boîtes de carton fermées, dans des boîtes de fer-blanc soudées, dans des bouteilles originales cachetées, etc... toutes étiquetées et marquées d'un prix fixe. Le détaillant n'est plus responsable de la marchandise qu'il vend, la marque de fabrique s'en porte garant; il ne peut vanter ses connaissances spéciales pour le choix de ses marchandises, puisqu'il les reçoit empaquetées; il ne peut prôner la supériorité de sa marchandise sur celle de son concurrent, puisque la même marchandise, enveloppée de la même façon est vendue par les deux; il ne peut non plus conserver l'espérance de réaliser des bénéfices imprévus en achetant bon marché et en vendant cher, comme lui recommandait le précepte moral de l'école économique de Manchester; il faut qu'il vende au prix coté sur l'étiquette par le fabricant, lequel fixe son bénéfice, le réduisant d'autant plus que son produit a plus de vogue. Les trusts multiplient le nombre des marchandises qui sont livrées au détaillant empaquetées et marquées de prix fixe : quand elles ne peuvent être mises en boîtes ou en bidons, ils organisent une police qui veille à ce que le boutiquier ne la vende pas au-dessus ou au-dessous du prix qu'ils lui ont dicté. Ils lui enlèvent même son libre arbitre sur la quantité et la qualité des marchandises qu'il doit débiter : le trust des clous, gagnant davantage sur les gros clous, ne délivrait au détaillant que des commandes assorties à sa convenance; le trust du tabac agit de même.

Le trust-system qui dépouille le boutiquier de son libre arbitre et de toute connaissance technique l'achemine vers la situation des marchandes qui vendent des journaux et des livres dans les gares ; leurs marchandises sont à prix fixe et leurs bénéfices ne sont pas proportionnels au chiffre de la vente, mais déterminés par la librairie Hachette, qui confisque ce qui dépasse un certain taux, afin de combler le déficit de celles, qui placées dans des gares peu achalandées, n'y arrivent pas : elles ne sont que des salariées. Mais les commerçants qui trafiquent avec les produits des trusts ont de plus à leur charge l'avance des fonds nécessaires pour la location de la boutique et l'achat des marchandises. Ils s'imaginent être libres et propriétaires, ils le sont comme le paysan-propriétaire, qui ne retient de sa récolte que juste de quoi vivre et qui vend le reste pour payer les intérêts de sa dette.

Les marchands des XVIIe et XVIIIe siècles en établissant les manufactures, qui ont tué la production artisane des maîtres des corporations, ont, sans le savoir, aplani les voies à la grande production capitaliste, qui, à son tour, a tué la production manufacturière, et qui, parvenue au trust-system, le point culminant de son évolution, réduit le commerce à n'être qu'une fonction subalterne de la production, quand elle ne le supprime pas.

c) Trust-system et Profits.

Le profit, l'étoile polaire de la production marchande, reste encore le guide suprême du trust-system, qui n'organise en un vaste et méthodique système de production les industries similaires et complémentaires, que pour leur faire rendre des profits plus considérables qu'elles ne réalisaient quand elles travaillaient dans une indépendance anarchique.

La trustification de l'industrie permet de réduire les frais généraux de direction et autres, de fermer des ateliers et des usines faisant double emploi, sans pour cela diminuer la production, d'agrandir ceux qu'on conserve et de les équiper de l'outillage le plus perfectionné, d'utiliser des sous-produits perdus dans les exploitations de moindre grandeur, d'intensifier le travail, de supprimer des frais de transport en concentrant dans une usine toutes les opérations de la production, d'économiser la matière première, et les matières accessoires, etc. . (1). Les bénéfices obtenus par cette organisation centralisatrice sont si importants qu'ils assurent aux industries trustifiées une supériorité marquée sur leurs rivales indépendantes : mais le trust-system fait réaliser d'autres profits non moins importants.

La plus-value, qui forme les profits du capital, ainsi que l'a démontré Marx, étant du travail non payé, par conséquent volé, se crée dans l'acte de la production et non dans celui de l'échange, ainsi que l'affirment les économistes du jour. Une tonne de charbon ou toute autre marchandise n'acquiert pas un surcroît

---

(1) L'usine Carnegie, qui à elle seule était un trust colossal, fabriquait une tonne d'acier avec 800 kilos de coke, alors qu'en Angleterre, on employait 1,000 kilos.

de valeur, parce qu'elle passe entre les mains de plusieurs négociants de gros et de détail et voyage des
dizaines et des centaines de kilomètres pour arriver à
son lieu de consommation : la valeur, c'est-à-dire le
travail dépensé à sa production, reste invariable, les
prix seuls varient.

La plus-value, s'engendrant sur le chantier du travail, le capitaliste industriel est son extracteur; mais
il ne l'empoche pas toute entière, il est obligé d'en
donner une partie à l'État sous forme d'impôts, au
propriétaire foncier sous forme de loyer, aux banques
et aux capitalistes sous forme d'intérêts de l'argent
avancé, au marchand en gros pour qu'il trouve son
bénéfice à acheter le produit, celui-ci cède à son tour
une part de la plus-value qu'il reçoit aux compagnies
de transport, aux commis-voyageurs, aux boutiquiers.
Toutes ces diverses catégories de la classe bourgeoise
et l'État, qui représente leurs intérêts généraux, sont
intéressés à l'exploitation du travail salarié, puisqu'ils
se divisent plus ou moins équitablement et fraternellement les vols que quotidiennement commettent sur
lui les capitalistes industriels. Le trust-system diminue le nombre des voleurs qui se partagent le butin
fait sur la classe productive. En effet, l'industriel qui
produit la matière première et les matières accessoires
nécessaires à sa transformation, qui transporte le produit et qui le vend au consommateur garde pour lui
toutes les parts de la plus-value, que doivent abandonner les industriels qui n'ont pas organisé la production sur le plan du trust-system : c'est parce que

les trusts permettent aux capitalistes industriels de conserver une plus grosse part de la plus-value, qu'ils penvent distribuer de si beaux dividendes, bien que leurs capitaux soient toujours majorés de 50, de 100 o/o et parfois davantage.

Les gros dividendes, qui assurent le succès du trust-system et que les entreprises autonomes sont incapables de donner, si ce n'est dans des cas exceptionnels, ne sont pas arrachés au travail par une exploitation plus féroce que celle qui se pratique dans les ateliers indépendants, où elle est poussée à l'extrême limite. Les Morgan et les Rockefeller du trust-system ne se distinguent pas des Schneider, des Krupp et des autres philanthropes de l'industrie indépendante par une exploitation exceptionnelle de la classe salariée ; ils pourraient au besoin améliorer les salaires sans pour cela cesser de distribuer des dividendes supérieurs à ceux de leurs rivaux. Mais les trustificateurs étant de pieux chrétiens et de sincères philanthropes n'ont aucune sollicitude pour la chair à travail; ils ne songent pas à lui épargner une peine, ni à lui procurer aucun bien-être; ils l'exploitent aussi sérieusement que leurs confrères de l'industrie indépendante; ils mettent à profit les méthodes perfectionnées de production pour intensifier le travail et ils se servent de leur influence corruptrice sur les pouvoirs politiques et judiciaires pour obtenir des lois contre les ouvriers et des condamnations et des fusillades contre les grévistes.

d) Trust-system et Banques.

Les industries, au début de la période capitaliste, n'ayant besoin que de faibles capitaux étaient mises en train par des individus ne disposant que de la fortune qu'ils avaient pu amasser ; mais lorsque les proportions des industries s'agrandirent et nécessitèrent des capitaux plus considérables que ceux qui à cette époque avaient pu être accumulés individuellement, on songea à les agglomérer. Saint Simon préconisa alors l'association des capitaux. Les sociétés par actions et obligations mirent en pratique l'idée Saint-Simonienne ; elles ont pu avec leurs coupures de 500, 100 et aujourd'hui de 25 francs, concentrer les petits capitaux pour les faire concourir à la création de vastes entreprises. Les emprunts d'États et les chemins de fer, dont l'établissement n'était possible que grâce à la nouvelle organisation financière ont contribué à lancer et à généraliser le système de centralisation des capitaux disséminés. La finance est aujourd'hui la puissante pompe aspirante et foulante, qui concentre les capitaux et les refoule dans les canaux de l'industrie et du commerce. Les banques qui concentrent en permanence des capitaux, sont obligées de les avancer au commerce et à l'industrie, afin de les faire fructifier ; parfois elles s'associent à leurs opérations.

Le trust-system accélère la centralisation des capitaux, en transformant en sociétés anonymes des industries qui jusque-là avaient fonctionné avec des capitaux individuels. Il a réalisé cette transformation avec une telle rapidité pendant les dernières années que les capitaux disponibles sont absorbés et que des sociétés importantes, malgré un pressant besoin d'argent, ont dû renoncer à faire des émissions d'obligations dans un marché déjà surchargé. Les Compagnies de chemins de fer et des sociétés de toute nature ont avalé en trois ans près de 30 milliards, qui tous n'ont pas été employés productivement, ni pour l'objet de leur demande.

Capitaux absorbés par les chemins de fer

(les chiffres représentent des millions de francs) :

1902	1901	1900
4.509	4.577	3.270

Par les sociétés diverses :

7.179	8.192	2.067
11.688	12.769	5.337

Total général. 29.794.000.000 fr.

La masse des titres qui s'est abattue sur le marché financier et a raflé ses capitaux, menace sa solidité. P. Morgan, dans une récente interview, publiée par le *New-York Times*, essaie de calmer les craintes de ceux qui s'inquiètent de cette débauche d'émissions, en faisant remarquer que si tous ces milliards n'avaient pas toujours été consacrés à l'usage pour lesquels on les avait obtenus, ils ont cependant servi à développer l'outillage des railways et des industries.

Le trust-system a également accéléré la central'sation des capitaux qui se faisait par l'entremise des institutions de crédit. Les entreprises qu'il met sur pied nécessitent une si rapide et si énorme mobilisation de capitaux, que des banques qui n'auraient à leur disposition que ceux qu'elles auraient concentrés seraient gênées pour les fournir, si elles n'en étaient pas incapables ; elles ont dû pour pouvoir répondre à ces besoins nouveaux, augmenter la masse des capitaux concentrés par elles individuellement et les réunir. Si on compare les agissements des banques d'il y a dix ans avec ceux d'aujourd'hui, on voit qu'elles sont entrées dans cette double voie.

Le chiffre des affaires, se traitant par l'intermédiaire des banques, s'est considérablement élevé pendant cette dernière décade de trusts. Il y a dix ans, le total des avances enregistrées par la *Clearing house* (Chambre de Compensation) de New-York était de 2.324 millions, dont 843 millions, soit à peu près les 36 o/o, avaient été faites par huit principales banques. Le 14 février de cette année, la Clearing house constatait un chiffre de prêts de 4.642 millions, dont 2.198 millions, soit les 47 o/o, avaient été faits par six banques, qui ont à elles seules avancé une somme à peu près égale à celle qu'avaient prêtée, il y a dix ans, les soixante-quatre banques, formant la Clearing house de New-York. Ceci démontre bien l'augmentation de leur puissance centralisatrice de capitaux.

Les banques elles-mêmes se sont concentrées. Il y a dix ans, les soixante-quatre banques, qui formaient la Clearing house, représentaient une capitalisation de 302 millions. Les cinquante-huit banques qui la forment aujourd'hui ont une capitalisation de 548 millions : donc tandis que le nombre de banques diminuait de six, leur capitalisation augmentait de 246 millions.

Mais cela ne suffit pas. Les principales banques de New-York se sont fédérées et forment sept groupes ou « chaînes de banques » selon l'expression américaine. Les banques d'une même chaîne ont des intérêts communs; et les intérêts des chaînes de banques s'entremêlent, de sorte que ces sept groupes d'institutions de crédits sont régis par une politique commune. La somme des avances faites par les banques de ces sept groupes s'élevait au mois de février de cette année à près de 5 milliards (1).

---

(1) Le même mouvement de concentration s'observe dans les banques de l'Angleterre. La *Union bank of London*, qui a fusionné avec la banque *Payne and Smith*, se prépare à absorber la *Yorkshire bank*, fondée en 1872 au capital de 30 millions, qui possède 47 succursales et a distribué un dividende de 11 o/o lors du dernier exercice.

Tout ce système créditaire est en train d'être placé sous le contrôle d'un nombre restreint d'institutions de crédit, ainsique l'indique la statistique des banques des quinze

Ainsi qu'il fallait s'y attendre, on retrouve la main puissante des grands organisateurs de trusts dans cette centralisation financière, qui prépare un trust de la banque : la maison P. Morgan est affiliée à trois groupes de banques et la Standard Oil à deux. Les intérêts des trusts se confondent avec ceux des banques ; et l'on dit qu'on ne les a fédérées que pour qu'elles pussent s'entr'aider et prévenir les paniques, qui deviennent plus fréquentes et plus dangereuses depuis que la masse des capitaux disponibles a été immobilisée. La nervosité du marché financier est extrême : témoin ce qui s'est passé en octobre 1902. Les banques de l'Ouest pour pourvoir aux besoins des campagnes au moment de la moisson ont l'habitude à cette époque de faire rentrer leurs fonds. Ces retraits, qui cependant sont prévus, ont si fort embarrassés les banques de New-York et ont fait tomber si bas leurs disponibilités, que le taux des avances s'éleva à 20 o/o et qu'un brusque recul, prenant les allures d'une panique, s'est effectué sur les actions des chemins de fer et sur presque toutes les valeurs. Si un fait, qui devait être attendu, puisqu'il se répète tous les ans à pareille époque, a pu ébranler de la sorte le marché de l'argent et des valeurs industrielles, qu'arrivera-t-il quand des événements imprévus éclateront ?

---

dernières années. Le *Banking Supplement* de 1888 mentionnait 115 banques en Angleterre et dans le pays de Galles, le Supplément qui vient d'être publié n'en mentionne que 69.

Le trust-system n'a pu organiser et développer ses colossales entreprises que parce qu'il trouvait à sa disposition des capitaux considérables ; il présuppose donc une très intense centralisation de capitaux. Cette centralisation étant pour ses entreprises une condition de vie, il devait donc couronner l'intégration industrielle par une organisation unitaire de la banque, qui est plus avancée qu'on ne croit. Le comité-directeur des banques fédérées sera le lieu de rencontre des personnalités influentes qui se retrouvent déjà dans les conseils d'administration des principaux trusts, ne se faisant pas concurrence dans le champ de la production et de l'échange. L'union des banques facilitera à cet état-major capitaliste l'organisation d'une direction centrale de la production, à laquelle tend le trust-system.

L'union de la banque et de l'industrie est imposée par le développement économique : d'un côté, les entreprises industrielles, que des capitaux accumulés individuellement ne suffisent plus à établir, sont dépendantes des banques pour les capitaux nécessaires à leur fonctionnement ; de l'autre côté, les banques, concentrant les capitaux que n'absorbent pas les emprunts d'États et qui ne trouvent plus d'emploi dans la petite industrie, sont obligés pour les faire fructifier de les mettre à la disposition des grandes sociétés industrielles. Jamais les intérêts de la banque et de l'industrie n'ont été si intimement unis qu'ils le sont aux États-Unis. Tout embarras dans la sphère de la production ébranlera profondément toutes les institutions de crédit ; aussi la crise que l'on prévoit menace d'être la plus terrible qui se sera déchaînée dans la société capitaliste.

On rend les trusts responsables des embarras du marché financier et on les accuse de préparer une crise économique, comme si le monde capitaliste n'avait pas été périodiquement bouleversé par des crises. Le système capitaliste qui ne peut proportionner aux besoins les moyens de production et les produits est condamné aux crises de surproduction. Dès que le prix d'une marchandise dépasse son taux normal, parce qu'elle est plus demandée qu'offerte, les capitaux se précipitent dans la branche d'industrie qui la fabrique et au bout d'un temps il y a excès de cette marchandise et surabondance des moyens de sa production. Les trusts en fermant des usines et des fabriques sans pour cela cesser de satisfaire les besoins du marché, ont démontré pour les plus aveugles économistes cette surabondance des moyens de production.

Mais bien que les trusts essaient de réglementer la production en proportionnant aux besoins les moyens de production et les marchandises, ils n'arriveront pas à supprimer les crises de surproduction. La cause qui jusqu'ici les a engendrés subsiste et subsistera tant que le but de la production sera le profit. Les trusts sont soumis aux mêmes fatalités que les industries indépendantes : leur outillage immobilisant un capital énorme, qui doit porter intérêt, tout arrêt du travail entraîne de fortes pertes, aussi sont-ils forcés de produire sans s'occuper de l'encombrement du marché. De plus, les trusts, qui prospèrent, ont tous les ans des excédents de bénéfices, se chiffrant par dizaines de millions, à moins de les thésauriser, comme les avares précapitalistes, ils sont obligés pour leur faire rapporter des intérêts, de les consacrer au développement de leur propre outillage ou de celui d'autres industries et de créer par conséquent une surabondance des moyens de production, la cause principale des crises. Tous les progrès que réalise le trust-system, et qui assurent sa supériorité sur l'industrie indépendante, deviennent donc causes de crises, parce qu'ils puissancient la production.

La phénoménale puissanciation de la production pendant ces dix années de trusts, a déjà forcé la République américaine à abandonner sa politique traditionnelle pour se lancer dans l'impérialisme, afin de conquérir des débouchés à son industrie trustifiée. Les trusts, de leur côté, trouvant trop étroit le champ national, envahissent le marché international. Mais ni débouchés coloniaux, ni envahissement du marché international n'empêcheront la production des États-Unis d'être acculée à la situation de l'industrie russe : le gouvernement du Tsar, avait tellement développé, avec des capitaux européens, la production métallurgique et charbonnière, qu'elle dépasse les besoins.

Le trust-system, s'il ne doit porter seul la responsabilité de la crise prochaine, contribuera à l'étendre et à l'intensifier par son organisation scientifique de l'industrie et de la banque.

e) **Trust-system et Dépersonnalisation de la propriété.**

La propriété individuelle des biens mobiliers n'a pu apparaître à l'époque du communisme primitif et se consolider et puis s'étendre aux biens immobiliers, dans les époques postérieures, que parce qu'elle possédait deux qualités, jugées indispensables et inséparables : celle d'être le *fruit du travail du propriétaire* et celle d'être *mise en usage par le propriétaire.* Ces qualités ont laissé une si forte empreinte sur le cerveau humain que les défenseurs du capitalisme répètent encore que la propriété est le fruit du travail. Cependant la production capitaliste ne peut exister que si la propriété individuelle est dépouillée de ces deux qualités, qui la légitiment.

Les biens mobiliers sont bien encore le fruit du travail, mais ils ne sont plus propriété du salarié qui les a créés; les instruments de travail (terres, machines, mines, etc.) ne sont pas la propriété des salariés qui les mettent en usage, mais celle du capitaliste qui ne les a pas produit et qui ne les fait pas produire.

La propriété capitaliste ne possède donc pas les deux qualités de la propriété individuelle. Les économistes, les moralistes, les philosophes et les hommes politiques se sont mis la cervelle à la torture pour lui découvrir des qualités qui pourraient lui donner une apparence de légitimité. Ne pouvant faire du capitaliste un producteur, ils en ont fait un épargniste : sa richesse est le fruit de l'épargne. Or, comme il ne travaille pas, il a donc épargné sur le travail d'autrui, autrement dit, il a dérobé aux salariés une partie des fruits de leurs travaux, pour constituer sa richesse. L'argument de l'épargne ayant été reconnu imbécile, les fortes têtes de la politique et de l'économie ont libéralement doté le capitaliste de qualités directrices et administratives, lesquelles par une fécondante coopération avec le travail des salariés engendrent ses millions. Mais les socialistes répliquent que ces qualités n'étant pas possédées par le capitaliste, mais par ses directeurs, administrateurs et contre-maîtres, elles ne peuvent lui constituer des droits sur sa propriété. Alors, arrivés au bout de leur génie inventif, ils métamorphosent les mérites transcendants du capitaliste en une entité métaphysique : c'est la Chance, c'est l'aveugle Fortune et non ses qualités personnelles qui le rendent propriétaire de biens meubles et immeubles.

Les sociétés anonymes renversent ces arguments péniblement édifiés contre toute évidence : le capitaliste qui possède leurs actions et obligations n'ont plus le moindre contact avec la production ; il peut ignorer l'endroit où elle s'effectue, ainsi que sa nature ; n'importe il touche les dividendes et c'est ce qui lui importe de connaître et de palper. La société anonyme brise les derniers liens qui unissaient le propriétaire à la propriété ; elle a *dépersonnalisé* la propriété. Elle a crevé si bien le fameux œil du maître qu'on n'en parle plus. Les actions peuvent être la propriété de Pierre, Paul ou Nigaudinos, elles peuvent à la Bourse changer de mains tous les jours et plusieurs fois dans une même journée et les usines et fabriques qui appartiennent à la société continuent à produire, comme si leur propriété n'avait pas changé de propriétaires. Les sociétés anonymes, qui recréent un nouveau genre de propriété collective, possédée par des collectivités plus ou moins nombreuses d'actionnaires et d'obligataires, démontrent par le fait la parfaite inutilité du propriétaire capitaliste.

Les sociétés anonymes qui envahissent journellement de nouvelles sphères de la production, laissent cependant en dehors de leur action un nombre considérable d'industries et de commerces, à la tête desquels figurent nominativement, sinon personnellement un ou plusieurs capitalistes, à qui par habitude on continue à attribuer leur bonne tenue et leur habile gestion.

Le trust-system élargit le champ d'action des sociétés anonymes; il imprime le sceau de l'anonymat à des industries, qui avaient conservé nominalement un caractère personnel, il généralise par conséquent la démonstration de l'inutilité du propriétaire capitaliste et met en évidence la nature parasitaire de la classe capitaliste.

Mais ici se dresse le dernier et le plus solide argument des défenseurs de l'ordre capitaliste. Les sociétés anonymes, déclarent-ils triomphalement, généralisent, démocratisent la propriété, en mettant par leurs coupures de 100 et de 25 francs les plus grandes entreprises à la portée des plus petites bourses : elles transforment le moindre épargniste en un capitaliste. Il y a quelques ombres à ce tableau à la Docteur Panglos. Les sociétés anonymes depuis un demi siècle ont fait sortir des bas de laine et des cachettes où il se tapissait, l'argent des petites gens, l'a centralisé et a donné à des financiers, sans mandat, sans contrôle et sans responsabilité la gestion de l'épargne populaire, qui jusque-là était libre et indépendante ; elles leur ont permis de la confisquer par les coups de Bourse et autres tours de haute prestidigitation financière. La démocratisation de la propriété par les sociétés anonymes n'est que le détroussement des petits épargnistes par les gros capitalistes (1).

Les sociétés anonymes et les institutions de crédit ne sont parvenues à centraliser la richesse monétaire disséminée dans toutes les bourses du pays, que parce que les États, qui contractaient leurs emprunts par

---

(1) L'*Économiste français* du 11 avril 1903, donne le compte rendu d'une savante discussion de la Société d'Économie politique de Paris, cherchant une réponse à la question : « Qu'est-ce qu'un capitaliste? ». Ses fortes têtes ont dit d'impérissables choses; avec un sérieux de bœuf elles ont répété les vieilles définitions, hors d'usage : « Le capitaliste est un producteur » assure M. Neymark et « un épargniste » ajoute M. Passy, etc... M. des Essars, pour expliquer le peu d'entrain que manifeste en France la petite épargne à se lancer dans les sociétés anonymes,

l'entremise des banques, s'adressèrent directement au public ; ils habituèrent par cette *démocratisation de la rente*, comme disait un ministre du second empire, les petites gens à se séparer de leur cher argent qu'elles ne devaient plus revoir.

f) Trust-system et Tant pour cent.

Les sociétés anonymes et les trusts, qui, en définitive, ne sont que des sociétés anonymes, que des sociétés de sociétés selon la définition de Ch. Schawb, revêtent d'une forme nouvelle l'exploitation capitaliste : ils dépersonnalisent le profit industriel, ainsi qu'ils ont dépersonnalisé la propriété.

L'industriel, dans le système de la production capitaliste, est l'extracteur de la plus-value ; il en conserve une partie, qui représente son profit et abandonne l'autre à l'État, au propriétaire foncier, aux négociants, etc... Tous les ans, il fait son inventaire et dresse son bilan afin de connaître exactement la somme de ses profits.

----

apporte une confirmation de ce qui est dit dans le texte : « Les syndicats financiers qui les *flottent*, dit-il, par une réclame bien comprise et une manipulation savante des cours, font monter une action qui n'a encore rien donné de 20, 30, 50 o/o au-dessus de sa valeur et on la lâche au public. De ce fait il a subi des pertes énormes et il est assez naturel qu'il se laisse moins prendre à cette fantasmagorie. Il devient timide et préfère garder son argent, comme le prouve le chiffre si élevé des dépôts de fonds dans les Sociétés de crédit ».

Les sociétés anonymes et les trusts déchargent le capitaliste du travail d'extracteur de la plus-value; ils entreprennent pour lui l'exploitation des producteurs et lui donnent sous forme de dividendes, les profits que conservait l'industriel. La division des profits d'un trust ou d'une société anonyme entre les capitalistes, se fait proportionnellement au nombre d'actions qu'ils possèdent, par conséquent, proportionnellement aux capitaux qu'ils ont engagé dans l'affaire : au lieu de faire des inventaires et de dresser des bilans pour rechercher les profits de l'entreprise, les capitalistes calculent le tant pour cent qu'ils reçoivent pour leurs capitaux.

Ce déguisement financier sous lequel se présente le profit industriel, s'il ne modifie en rien l'exploitation du travail, influe sur le partage entre les capitalistes des vols commis sur le travail salarié.

Le capitaliste, qui exploite une industrie, peut l'agrandir et lui annexer des industries complémentaires; mais d'ordinaire, il n'essaie pas d'exploiter une industrie d'une autre nature : si par exemple il possède des fabriques de tissage, il ne construit pas des hauts fourneaux, ni ne creuse des canaux, soit parce qu'il ignore la pratique de ces industries, soit par routine ou toute autre raison : il est prisonnier de l'industrie qui lui rapporte des profits.

Le tant pour cent le délivre de sa prison industrielle. « Les emprunts d'Etats, les sociétés anonymes et les trusts apportent la liberté au capital : ils détachent complètement le capitaliste de la nation à qui il prête et de l'industrie qui fait fructifier son argent : il n'a qu'une chose en vue, le tant pour cent. Peu lui importe que ce tant pour pour cent soit servi par des chemins de fer, des mines, des industries nationales ou étrangères, par un gouvernement républicain ou monarchiste, par le budget de sa patrie ou celui de n'importe quelle autre nation de la terre; il ne désire, il n'ambitionne, il ne recherche que le tant pour cent; s'il l'obtient, son âme est satisfaite. Pour courir après le tant pour cent, il transvase sans hésitation et sans regret son capital d'une distillerie d'alcool dans le Canal de Suez ou dans une société métallurgique, de la dette publique de France, dans celle d'Allemagne ou de Russie. Son indifférence est si parfaite qu'il lui suffit de connaître le nom de la compagnie ou de l'emprunt d'Etat où il place son argent; d'habitude il ignore le genre d'industrie que la société exploite et sait vaguement la situation géographique du pays emprunteur; il ne tient pas à manier, ni même à voir ses titres et ses actions, ni à détacher ses coupons de rente; il confie à une banque leur achat, leur garde et la charge d'encaisser les revenus : il ne veut connaître et toucher que le tant pour cent.

« Mais pour que le capitaliste ne rate pas la moindre occasion de saisir au passage ce tant pour cent plus ardemment convoité que jamais ne le fut la grâce du Dieu des Chrétiens, il faut qu'il puisse faire circuler avec la rapidité de l'électricité d'une société dans une autre, d'Europe, en Amérique, aux antipodes, son capital détaché de tous les liens qui autrefois l'enchaînaient à une industrie et à une localité. La Bourse, pour que le capitaliste puisse à tout instant accomplir ces merveilleux tours de prestidigitation, met à sa disposition deux instruments : le marché au comptant et le marché à terme » (1).

La course au clocher après le tant pour cent aboutit à l'établissement d'un tant pour cent normal, qui est de 3 o/o, autour duquel oscillent les revenus de toutes les valeurs de Bourse. Celles qui offrent aux capitaux toute sécurité donnent un tant pour cent un peu au-dessous de 3 o/o; celles qui sont susceptibles d'occasionner des pertes, servent un tant pour cent supérieur, d'autant plus élevé que les risques qu'elles font courir sont plus nombreux.

Les emprunts des Etats, les sociétés anonymes, en un mot toutes les entreprises dont les actions et obligations se négocient dans les Bourses des deux mondes forment pour ainsi dire un système de vases communicants de différents diamètres, dans lesquels circulent une masse énorme de capitaux, impersonnels et sans nationalité. Les niveaux de ces vases communicants, ne sont pas à la même hauteur, ni stables; ils sont perpétuellement dérangés par les multiples événements qui influencent les dettes publiques des

---

(1) *La Fonction économique de la Bourse : contribution à la théorie de la valeur*, par PAUL LAFARGUE, 1897. Edit. Giard et Brière. J'ai essayé dans cette étude du mécanisme de la Bourse d'analyser la distribution de la plus value entre les capitalistes.

Etats et la prospérité des sociétés dans lesquelles circulent les capitaux. Dès qu'une société distribue ou
parait vouloir distribuer un dividende plus élevé, les
capitaux désertent les sociétés moins généreuses, pour
acheter ses valeurs, dont la capitalisation augmente
afin de ramener le tant pour cent au taux normal,
malgré l'élévation du dividende. Le mouvement contraire des capitaux se produit, quand les dividendes
d'une société diminuent.

Le trust-system en transformant en sociétés anonymes un nombre considérable d'industries qui
avaient conservé le caractère d'industries personnelles et en introduisant leurs valeurs à la Bourse,
augmente la masse des capitaux impersonnels et
cosmopolites dont les revenus oscillent autour de
trois pour cent.

Les entreprises agricoles, commerciales, industrielles et financières dont les capitaux ne sont pas
encore divisés en petites coupures, *démocratisés*, ne
conservent que transitoirement la forme individua-
liste; elles sont destinées à revêtir la forme collec-
tiviste et à se transformer en sociétés par actions pour
être ensuite entraînés dans le tourbillon de la Bourse,
où toute la propriété capitaliste doit finir par s'en-
gloutir, ainsi que l'avait prévu, il y a un demi-siècle,
Emile Pereire : à l'école de St-Simon il avait appris à
apprécier théoriquement la puissance de l'association
des capitaux, et il s'était proposé de mobiliser les
propriétés agricoles, industrielles et financières en
sociétés par actions, dont les titres s'échangeraient
entre eux et avec ceux du Crédit Mobilier, qui serait

la Banque centrale, l'*Omnium* selon son expression. Il aurait ainsi réuni les capitalistes en un immense syndicat, dont les membres se seraient garantis un tant pour cent moyen et un revenu proportionnel au nombre des actions possédées. Le plan d'Emile Pereire, qu'il était impossible de mener à bien, il y a un demi-siècle, alors que la finance moderne faisait ses débuts, le trust-system est en train de le réaliser.

Le tant pour cent unifie l'exploitation du travail : les trusts et les sociétés anonymes sont les organismes chargés d'extraire la plus-value pour les porteurs d'actions et d'obligations. La plus-value qu'ils ont dérobé, est comme mise en commun, ainsi que le butin après le sac d'une ville, pour être partagé entre les capitalistes proportionnellement aux capitaux qu'ils ont engagé dans l'exploitation des travailleurs des deux mondes.

Le capitaliste qui achète une valeur de Bourse s'assure une part du butin pris sur le travail salarié ; cette part est d'autant plus grosse que le prix de la valeur est plus faible et son tant pour cent plus fort : aussi dès que le tant pour cent d'une valeur s'élève ou baisse, les capitalistes se disputent pour l'acheter ou pour la vendre. Les sociétés anonymes et les trusts qui suppriment la concurrence dans le domaine de la production et de l'échange, la transportent dans la sphère de la Bourse. Mais cette concurrence qui n'a qu'une influence indirecte sur la production, possède une puissante action pour généraliser, intensifier et même provoquer les crises de la production.

***

V

Action sociale et politique du trust-system.

Les trusts effarent les Économistes, parce qu'ils réduisent leur prétendue science à n'être que du verbiage intéressé, mais peu intéressant ; les socialistes, au contraire, suivent avec une attention soutenue le développement du trust-system, parce qu'il apporte une confirmation parlante et irréfutable des doctrines qu'ils propagent sur la concentration des richesses, sur l'extinction graduelle de la « classe-tampon », la petite bourgeoisie, et sur la prolétarisation et la paupérisation croissante de la masse des nations à civilisation capitaliste (1). On a répété jusqu'à la nausée, ce qui n'empêche qu'on continue à répéter que nos

---

(1) F. Long, au nom du Comité du Parti Socialiste de Pensylvanie, dont il est le secrétaire, a adressé à P. Morgan une lettre qui a fait son petit tour de presse et qui sous sa

conceptions sociales sont des utopies de songe creux
et d'hommes ignorant les passions de la nature hu-

---

forme ironique indique le point de vue auquel nos camarades des États-Unis se placent pour juger les trusts.

Philadelphie, 14 février 1903.

J. Pierpont Morgan, New-York City.

Monsieur,

« Afin de nous excuser de la très grande liberté que nous
prenons en vous écrivant, permettez-nous, de vous dire, en
guise de préface à cette lettre, que nous vous considérons
comme un des hommes les plus remarquables que le monde
ait vu. Mais nous ne pouvons nous empêcher d'ajouter que
vous êtes un inconscient instrument des forces économiques,
un des principaux agents de certaines tendances économiques et sociales, dont vous ignorez la portée et n'entre-
voyez pas le but. Vous êtes le leader du grand trust-mou-
vement moderne qui prépare les sociétés civilisées à la
venue du socialisme, mieux que ne sauraient le faire nos
faibles efforts d'ouvriers...

« L'Économie politique, enseignée dans les Écoles, est
un anachronisme, puisqu'elle soutient que la concurrence
est le meilleur moyen de développer le bien-être de la
société; tandis que le succès des trusts démontre la possibilité d'une organisation coopérative de la production sociale et l'impossibilité de la continuation de la concurrence
anarchique. Ceci a été affirmé par les socialistes depuis
cinquante ans, ainsi que vous pourrez vous en convaincre
en consultant le *Capital* de Karl Marx.

« La classe des Intellectuels pendant des années nous a
dit que la production sur une échelle nationale et internationale était impossible, qu'un homme ou qu'un groupe d'hommes

7.

maine et les événements du monde social; le trust-
system se charge de renvoyer ces épithètes contre

---

seraient incapables de conduire de si vastes entreprises,
qu'elles s'écrouleraient sous leur propre poids, qu'elles
n'étaient que des phénomènes transitoires : mais le fait
indéniable démontre la justesse de notre opinion. Le trust
porte la conviction chez les plus obtus. »

Long continue par exposer que le développement économique a divisé la société en deux classes antagoniques;
que la possession des moyens de production a donné à la
classe capitaliste le pouvoir « de contrôler le gouvernement,
les églises, les écoles et la presse subventionnée. Elle l'a
fait l'arbitre du sort de la classe ouvrière, économiquement
exploitée et opprimée, intellectuellement et physiquement
mutilée et dégradée. Parler d'*égalité* politique est une
amère moquerie. Le gouvernement est une conspiration
de la richesse organisée, qui se cache pour diriger secrètement la machine politique.

« La lutte entre les deux classes s'envenime de plus en
plus. A mesure que grandissent les monopoles, disparaissent
les petites industries et la petite bourgeoisie qu'elles faisaient vivre. Tous les jours grossit la multitude des salariés et des sans-travail; tous les jours devient plus féroce
la lutte des exploiteurs et des exploités.

« Les socialistes veulent faire cesser cette lutte, qui ne
cessera que lorsqu'on aura fait disparaître les causes qui
l'engendrent. Pour éliminer ces causes il faut abolir la possession privée des instruments de production, — abolir les
trusts — et mettre cette possession entre les mains de la
nation. Pour accomplir cela, il faut amener les producteurs
de la richesse à reconnaître leurs intérêts de classe et à les
unir en une solide force politique. Les socialistes y travaillent et le développement des trusts accélère le mouvement... »

les pontifes de l'économie et les leaders de la politique qui nous les lancent.

« Les votes socialistes sont de plus d'un tiers de million dans les États-Unis, de 28.000 dans l'industrielle Pensylvanie, de 40.000 dans l'intellectuel Massachussetts. Ces quelques faits, M. Morgan, nous obligent à reconnaître notre dette envers vous et votre classe, qui démontrez la praticabilité et l'inévitabilité du Socialisme.

Sincèrement votre,

Pour le comité du Parti socialiste de Pensylvanie,

FRED. LONG.

Les socialistes européens se sont occupés des trusts ; les deux résolutions ci-dessous montrent l'unité de la pensée socialiste sur cette question.

Résolution prise par le Congrès d'Ivry du Parti ouvrier français de septembre 1900.

« Le *trust*, c'est-à-dire, la monopolisation d'une ou de plusieurs industries complémentaires, qui a fait tout récemment son apparition aux États-Unis et qui devient de plus en plus international, n'est qu'une forme — supérieure — de la concentration capitaliste qu'il précipite.

« Il supprime la concurrence, qui est le fondement même de la production capitaliste, et réduit les frais de revient de cette dernière, qu'il régularise dans une certaine mesure en éliminant une certaine somme d'anarchie.

« Mais comme tous les progrès en régime de classe — machines, division du travail, etc. — le trust se traduit par des maux immédiats : il aggrave la servitude des travailleurs courbés sous une même et unique direction et permet le rançonnement des consommateurs.

« En vain, la fraction de la classe capitaliste qu'il ruine,

Ces colosses industriels, qui enjambant l'Atlantique, s'internationalisent, qui, pour se pourvoir de
matières premières et de débouchés, agglomèrent les
industries les plus diverses, qui suppriment la concurrence et remplacent l'anarchie de la production
par son organisation scientifique, qui concentrent
entre les mains de quelques financiers la gestion d'une

---

réclame-t-elle sa suppression, aucun gouvernement ne saurait réagir contre le trust, qui est un phénomène fatal.

« En conséquence, le Congrès déclare que seule la socialisation de tous les moyens de production résoudra la question du trust, en n'en laissant subsister que les avantages. »

Résolution prise par le Congrès International de Paris,
de 1900.

« Les trusts sont les coalitions des exploitants de l'industrie et du commerce dans l'intérêt de leur profit individuel·

« Ces coalitions sont les conséquences inévitables de la
concurrence... L'extension des moyens de production créant
les moyens d'obtenir une masse de produits plus grande
qu'il n'était possible aux détenteurs des moyens de production de vendre, devait rendre la concurrence l'ennemi du
profit, devait donc dans le système actuel éliminer la concurrence, la remplacer par l'entente et la coopération des
maîtres de la production. Aussi les trusts sont inévitables...

« La seule issue réelle de l'oppression actuelle de ces
conditions doit être la nationalisation et dans un stage consécutif la régularisation internationale de la production
dans telles branches où les trusts internationaux auront
atteint leur plus haut développement.

« ... Ainsi se transformera graduellement la production
privée ayant le profit comme but, en production sociale
qui aura pour objet le produit. »

centaine de milliards, qui font des rois du pétrole et de l'acier les empereurs des mines et les maîtres de l'Océan, des *Big-four* (des Quatre Gros) qui règnent sur la viande de boucherie, les grands seigneurs des railways. . ces trusts ne sont-ils pas l'ébauche, sous le contrôle d'une oligarchie capitaliste, de l'organisation nationale de la production et de l'échange?

Les financiers qui unifient des industries de même nature et leur annexent des industries complémentaires, ne courent qu'après des profits privés; cependant ils obtiennent par surcroît un résultat social de première importance, l'organisation d'entreprises multiples et différentes en un vaste système national, qui les solidarise dans la bonne comme dans la mauvaise fortune. Les sociétés par actions avaient déjà permis aux capitalistes de placer leur argent en des compagnies diverses, pour ne pas mettre tous les œufs dans le même panier, comme le recommande la sagesse populaire. Mais le trust-system fait un pas de géant : ce ne sont pas des actions de mines, de chemins de fer, de fabriques de tissages, de chantiers maritimes, etc., qu'il entasse dans un même portefeuille, mais les mines, les railways, les chantiers, etc., eux-mêmes qu'il soude dans une même organisation nationale et internationale.

La nationalisation des moyens de production et d'échange, le but du socialisme international, n'est pas une utopie, comme l'est la suppression du trust-system et le retour à la petite industrie, que réclament des gens aussi savants que sensés, puisque de nos jours les Morgan, les Rockefeller, les Havemeyer, essaient de la réaliser à leur profit et au profit d'une clique de capitalistes fainéants. On aurait tort de confondre avec les capitalistes à l'engrais, ces constructeurs de trusts, qui accumulent des milliards sans le pouvoir, ni le désir, d'en tirer des jouissances : Schwab est un fiévreux organisateur du travail, qui n'a pris un temps de repos que dernièrement, sur l'ordre du médecin ; Rockefeller a l'estomac si délabré qu'il ne peut se nourrir que de laitage : il promet cinq millions à qui le guérira (1). Les capitalistes, dès qu'ils

---

(1) Le *Temps* reproduisait cette caractéristique interview à la vapeur de Schwab, cet homme d'affaires, qui parti de rien, est arrivé, avant d'avoir atteint la quarantaine et après avoir été le directeur de l'Usine Carnegie avec un salaire annuel de cinq millions, à être un des oligarques qui manipulent la richesse sociale des États-Unis :

« Quel âge avez-vous ? demandait le journaliste. — Trente-huit ans. — Où êtes-vous... ?... — A Blair County, Pensylvanie. — Où êtes-vous allé à l'éc... ? — A Blair County. — A quel âge avez-vous quitté l'éc... — A dix-huit ans. — Quelle était alors votre amb... ? — Esprit mécanique. Voulais être ingénieur-mécanicien. — Quelle fut votre première... ? — Employé chez un épicier. (Éclats de rires bruyants.) — C'était dur ? — Restai six semaines. Dur, Oui. — Vous étudiez en dehors ? — Oui, promenades dans fabriques voisinage. Perdais pas mon temps. — Et comment êtes-vous entré dans l'industrie de l'acier ? — Hasard. Connaissance d'un ingénieur. M'adopta, me poussa, me plaça. — Et puis... ? — Rencontrai M. Carnegie, fondai usines de Homestead. Difficultés. Travail. Succès. Aujourd'hui pré-

ont une pelote, se retirent des affaires, pour manger en paix l'argent volé au travail; eux, ils restent enchaînés à l'œuvre et vivent pour la développer; ils réalisent ces types de « capitaines de l'industrie », dont parle Carlyle. Ils n'ont ni sympathie humaine, ni idéal social; ils écrasent sans remords les rivaux et exploitent sans pitié les salariés; ils accomplissent impassiblement leur tâche, comme les rouleaux du laminoir broient et aplatissent la barre de fer : n'importe, ils font œuvre révolutionnaire; sans le savoir et sans le vouloir, ils bâtissent le moule économique dans lequel se coulera la future humanité.

Le socialiste puise dans la connaissance du trust-system une foi nouvelle dans son idéal; il peut, avec une conviction redoublée, affirmer qu'il se réalisera dans un avenir prochain et que les prières des prêtres, les falsifications des économistes et les tromperies et les répressions des politiciens ne retarderont pas d'une minute la venue de la crise sociale, qui offrira

---

sident de la Compagnie Carnegie. — L'industrie de l'acier s'accorde donc plus spécialement que toute autre avec vos talents personnels? — Talents? N'ai pas de talent. Travaille seulement, travaille à mort. — Quel est le secret de votre réussite? — Travail, travail, travail! — Aimez-vous la campagne? — Pas le temps. — Les théâtres? — Pas le temps, pas le temps. — Le cheval? — Ah! sapristi, pas le temps, toujours pas le temps.

« Et M. Schwab s'enfuit pour regagner le temps perdu en vain bavardage. »

aux exploités l'occasion de culbuter d'un coup d'épaule l'oligarchie capitaliste.

Le trust-system travaille à préparer les hommes et les événements pour cette fin « catastrophique ».

Le trust-system courbe sous sa discipline le commerce, qui jusqu'ici avait fait la loi à l'agriculture et à l'industrie. Les commerçants qui trafiquent avec ses produits perdent toute indépendance; ils n'ont plus le choix des marchandises qu'ils débitent, ils les reçoivent empaquetées, étiquetées et cotées de prix fixes; il faut qu'ils disent adieu à l'espoir de réaliser de gros bénéfices. Ils sont les fonctionnaires des trusts, bien qu'ils restent bâtés des charges pécuniaires de tout commerce indépendant.

Les troubles que le trust-system apporte dans l'industrie où il s'implante, retentissent dans le commerce qui détaille ses produits : aussi industriels concurrencés, ruinés et dépossédés et négociants bridés et sanglés forment une plèbe grossissante de mécontents, qui vocifèrent contre les trusts, réclamant des lois pour les supprimer et ressusciter l'heureux temps pendant lequel ils s'enrichissaient en exploitant les producteurs et les consommateurs.

La centralisation capitaliste, qui a préparé les voies au trust-sytem avait profondément troublé les campagnes, et provoqué deux puissantes agitations; le mouvement des fermiers des États de l'Ouest, réunis en la vaste association des *Granges* dirigée contre les spéculateurs en céréales et les chemins de fer, qui échoua dans la campagne bimétalliste de

Bryan et du parti démocrate, et le mouvement des journaliers, qui avorta après la marche sur Washington, sous la conduite de Coxey, le leader *populist*. Le trust-system, qui frappe aussi durement les cultivateurs que les industriels et les commerçants, met de nouveau les campagnes en fermentation.

Depuis le milieu du XVIIIe siècle les utopistes ont élu l'Amérique du Nord pour champ d'expérience de leurs conceptions sociales : ils y ont fondé des petites sociétés pour démontrer les avantages du communisme et servir de types à la réorganisation de toute la société. Conrad Bessiel établit en 1732 la Communauté d'Ephrata ; Jemina Wilkinson, en 1780, celle de Jérusalem ; la Mère Ann, en 1786, celle du Mont Lebanon, la première des 35 communautés des Shakers ; Georges Rapp, en 1805, celle de l'Harmonie ; Robert Owen, en 1825, la Nouvelle Harmonie ; Étienne Cabet, en 1848, l'Icarie, etc... Cependant les États-Unis, la terre de prédilection du féroce individualisme bourgeois et chrétien, était peu propice à ces essais : car c'est dans ce pays d'immenses terres vierges que l'anarchique *chacun pour soi* put être appliqué dans toute son égoïste rigidité. Tout individu « voulant travailler » comme dit la chanson des émigrants du Far-West, pouvait tout seul se tirer d'affaire et arriver à la propriété et à une modeste aisance : il pouvait même aspirer aux plus hautes fonctions politiques; Lincoln avait été bûcheron, Grant, tanneur; Johnson, tailleur, etc. Tous les métiers étaient ouverts à tous, et tous pouvaient les essayer les uns après les autres afin de choisir celui qui pouvait le mener à la fortune par le chemin le plus court. C'était chose fréquente de rencontrer des Américains qui en avaient pratiqué une douzaine.

La liberté qui régnait dans la vie économique se reproduisait dans la vie politique : l'État était vraiment démocratique ; il accordait aux citoyens toutes les libertés politiques et religieuses que l'on réclamait en Europe et qu'on n'avait pu obtenir, même au prix de révolutions. Il n'avait pas d'armées mercenaires, ainsi que les États du vieux monde pour défendre la propriété des bourgeois contre les revendications des ouvriers, puisque tous les ouvriers américains espéraient d'arriver à la propriété et pendant un temps ils y arrivèrent. Les pouvoirs publics des villes, des États et de l'Union fédérale des États se préoccupaient peu de protéger les citoyens qui, tous économiquement presque égaux ou ayant espérance de le devenir, possédaient des armes et savaient se protéger : le grand souci des autorités politiques était de conserver cette quasi égalité économique, qui égalisait à peu près les chances de tous dans la lutte de l'anarchique concurrence industrielle et commerciale. Les États qui, avant la guerre de 1861, avaient pris des lois limitant le capital des sociétés d'industrie et de commerce afin de permettre la concurrence aux petites bourses, ne s'occupèrent pas de protéger la société contre les sociétés industrielles ayant fonction de services publics. Postes, télégraphes, chemins de fer, éclairage, eaux, etc., furent livrés sans contrôle aux entreprises privées; ainsi que les citoyens, elles furent laissées absolument libres de faire leurs petites et grosses, leurs propres et malpropres affaires et d'exploiter les libres citoyens. Il y avait débauche de liberté. Les économistes, les philosophes, les moralistes et les politiciens du capitalisme ont eu une admiration béate et sans mesure pour cette libre liberté de la République Américaine.

La guerre de 1861-65, qui abolit l'esclavage, au grand chagrin des libéraux Européens, du pieux Gladstone à l'anarchiste Proudhon, parce qu'on dépouillait l'homme capitaliste de la liberté de posséder des esclaves, ébranla les assises de cet Eldorado du libéralisme. La guerre activa la centralisation financière, qui s'accomplissait avec lenteur. Les républicains abolitionnistes, qui détenaient le pouvoir, saisirent l'occasion pour réaliser des scandaleuses fortunes avec l'armement des troupes, leurs approvisionnements de vivres, de vêtements, de munitions, etc. La paix conclue, les capitaux accumulés en Amérique se jetèrent sur l'agriculture, tandis que ceux qui étaient importés d'Europe servirent en grande partie à construire des chemins de fer. L'agriculture américaine se développa en quelques années si rapidement que, dès 1879, elle porta le trouble dans l'agriculture européenne par la masse des céréales qu'elle expor-

tait, en même temps qu'elle bouleversait la vie
agricole des États-Unis. Jusque là le flot d'émigrants
européens, qui tous les ans atterrissait sur les côtes
de l'Atlantique, après avoir séjourné un temps dans
les villes de l'Est et y avoir laissé un sédiment, allait
se perdre dans l'Ouest, où les terres étaient vendues
à bas prix ou concédées gratuitement par le gouvernement sous certaines conditions. Les pionniers, après
avoir épuisé leurs champs par une culture extensive,
les vendaient pour un rien aux derniers venus et s'en-
fonçaient dans l'Ouest à la recherche de nouvelles
terres à épuiser, à mesure que de nouveaux terri-
toires s'ouvraient devant eux et que le flot des arri-
vants les pressait par derrière. Mais les sociétés
financières de culture et les compagnies de chemins
de fer accaparèrent les terres et fermèrent l'Ouest
aux émigrants sans capitaux.

L'industrie, négligée pendant un temps, concentra
l'activité des capitalistes américains; bien que partie
en second, elle ne tarda pas à atteindre et à dépasser
le point de développement auquel était arrivé l'agriculture, qu'elle domine aujourd'hui économiquement
et politiquement.

Ces transformations économiques ne pouvaient s'accomplir sans bouleverser profondément la vie des
campagnes et des villes. Les fermiers virent les
routes de la fortune se fermer devant eux, ils ne s'en-
richirent plus que de dettes: la vente de leurs produits
aux consommateurs, qu'ils entreprenaient autrefois,
tomba entre les mains de commerçants et de spécu-

lateurs, qui se liguèrent avec les chemins de fer et les banquiers pour les appauvrir et les réduire à l'état de propriétaires nominaux, que l'on ne dépossède pas, parce que les créanciers obtiennent un plus fort intérêt de l'argent qu'ils leur prêtent que s'ils l'employaient à la culture des terres. La grande culture financière introduisit dans les champs une nouvelle population de journaliers, qu'elle tirait des villes aux époques des travaux agricoles et des moissons, et qu'elle renvoyait dans les villes à l'entrée de l'hiver, les labours et ensemencements d'automne terminés. Ces malheureux journaliers sans métier et sans emploi industriel, licenciés en masse, formaient des bandes de vagabonds, — *tramps* — qui prenaient d'assaut les trains de chemins de fer et se faisaient nourrir par les villages et les petites villes qu'ils rencontraient sur leur route. Coxey, l'agitateur *populiste*, les organisa et marcha avec eux sur Washington. Pendant que ces transformations se produisaient dans la vie des campagnes, l'industrie capitaliste centralisait dans d'énormes usines et fabriques les instruments de production devenus gigantesques et enlevait aux ouvriers l'antique espérance d'arriver à la propriété par le travail.

Cependant cette espérance est tellement chevillée dans la tête du civilisé, qu'elle continua à persister dans les cerveaux ouvriers en dépit de la réalité; il est vrai que cette survivance d'une époque économique détruite par la grande production capitaliste, était entretenue par quelques exemples, cités quotidiennement aux enfants et aux adultes, d'individus partant de rien et arrivant au million et au milliard. Ces extraordinaires fortunes grisaient et faisaient espérer contre toute espérance. Les ouvriers américains, quoique parvenus à la phase de l'évolution économique où l'émancipation individuelle n'est possible que pour de très rares exceptions, n'entrevoyaient pas encore une émancipation collective, une émancipation de classe.

L'Internationale et la Commune de Paris soufflèrent sur les États-Unis quelques bouffées du socialisme moderne : l'idée nouvelle conquit une très petite élite ; elle resta lettre morte pour la masse des ouvriers. — Que nous parle-t-on de classes, disaient-ils, est-ce que cela existe en Amérique ? Ne sommes-nous pas tous égaux en droits ? Est-ce que chacun de nous ne peut devenir propriétaire, capitaliste, président de la République ? — Pourquoi une révolution ? N'avons-nous pas le droit de vote, ne nommons-nous pas les juges, les conseillers municipaux, les députés, les sénateurs, les gouverneurs des Etats et le président de l'Union ? Ne possédons-nous pas la liberté de réunion, de presse, d'association, de religion ? Quel est donc le droit ou la liberté qui nous manque ? — Les pauvres diables, abrutis par le libéralisme bourgeois, n'avaient pas l'intelligence de s'apercevoir qu'ils n'avaient des droits et des libertés, qu'en théorie et que les capitalistes avaient confisqué tous les moyens pratiques de le exercer. Dans aucun pays le libéralisme et le chris tianisme son complice, n'avaient si complètement

obscurci et perverti l'entendement de la classe ouvrière. Le trust-system dissipe brutalement la fantasmagorie libérale et chrétienne : il apporte la lumière dans les cerveaux ouvriers.

Le trust-sytem s'il lèse les intérêts des industriels
des négociants et des agriculteurs, n'a pas été non
plus créé et mis au monde pour faire le bonheur des
salariés; d'ailleurs, en civilisation capitaliste, rien ne
tourne à l'avantage des travailleurs, pas même les
réformes qui au premier moment les favorisent.

Le propriétaire d'esclaves, de chevaux et de mulets
doit ménager les bêtes de somme, qui lui ont coûté de l'argent ; l'industriel n'a nul souci pour les salariés, qu'il se
procure sans bourse délier; il les envoie crever la
faim dès qu'il cesse d'avoir besoin de leur travail : les
trusts les jettent par milliers sur le pavé, comme viennent de le faire les trusts du pétrole et du sucre, qui,
pour des raisons de spéculation, fermèrent temporai-
rement plusieurs de leurs usines.

La centralisation du trust-system fait peser sur les
ouvriers une domination plus lourde; ils ne peuvent
changer de maître : à tous les ateliers où ils frappent,
ils retrouvent le même maître, qui inscrit les « mau-
vaises têtes » sur la liste noire — *black-list* — comme
dans l'antiquité on marquait au front les esclaves
fugitifs.

Les grèves, ces révoltes du travail, sont rendues
plus difficiles. Le trust-system ne redoute pas les
grèves partielles; il fait exécuter dans un autre de ses
ateliers le travail laissé en plan par les grévistes. Cela

ne lui suffit pas, il cherche à rendre impossible toute révolte du travail partielle ou générale. Pendant que l'on clabaude dans les journaux, les réunions publiques et les parlements contre les trusts, les Morgan et C°, appuyés par l'Association des Manufacturiers indépendants, réclament des lois pour que les trades-unions soient pécuniairement responsables des dommages qu'une grève causerait à un industriel. Ils obtiendront leur demande, comme déjà les capitalistes anglais l'ont obtenue (1).

Les trades-unions des États-Unis s'étaient jusqu'ici tenues exclusivement sur le terrain de la lutte économique, laissant leurs membres voter pour les capitalistes, étiquetés républicains ou démocrates, et s'enrôler dans les milices pour le maintien de l'ordre

---

(1) Le tribunal de Rutland (Vermont) vient de démontrer que pour arriver à leur fin les capitalistes n'ont pas besoin de nouvelles lois ; au mois d'avril de cette année il a condamné des grévistes à payer à leurs patrons des dommages, qui doivent êtes prélevés sur la caisse du syndicat et à son défaut sur la propriété privée de ses membres. L'exemple des juges de Rutland sera saisi.

Les juges américains, quoique élus au suffrage universel sont domestiqués par les capitalistes ; et ce qui rend plus néfaste cette dépendance, c'est que le pouvoir judiciaire est supérieur au pouvoir législatif : tout tribunal peut annuler une loi votée par le Congrès et les législatures des Etats en la déclarant inconstitutionnelle. Le fait vient de se passer dans l'Etat de New-York. La Cour d'Appel de New-York, où siègent cinq juges républicains et trois juges démocrates, jugeant en dernier ressort un débat entre

bourgeois et la défense de la liberté du travail en temps de grève. Le strust-system souffle dans les trades-unions un autre esprit : plusieurs ont ordonné à leurs membres de se retirer des milices et toutes se rendent compte de la faiblesse de l'arme économique, surtout depuis la grève des mécaniciens contre le trust de l'acier, lors de sa formation, en 1901. Elles discutent l'emploi de l'arme politique.

Le trust-sytem fait plus que multiplier les causes du mécontentement ouvrier, il lui donne une forme et une direction et lui place devant les yeux, sans aucun voile, le but révolutionnaire à atteindre. Les leaders de la politique américaine sont conscients de l'esprit nouveau qui agite la classe ouvrière. Mark Hanna, le *boss* (directeur) du parti républicain, qu'une fraction de ce parti voudrait opposer à Roosevelt aux prochaines élections présidentielles, vient de sonner le tocsin d'alarme dans un discours prononcé à Cleveland, le 8 avril, devant une réunion d'hommes politiques et de financiers.

«... Vous, messieurs, dit-il, en s'adressant aux financiers, vous ferez bien de carguer vos voiles, car tout

---

patrons et ouvriers sur la journée de travail, a décidé que la loi qui imposait la journée de huit heures dans les travaux publics était contraire à l'esprit de la Constitution, par conséquent nulle et non avenue. On estime que ce jugement fera gagner plus de trente millions aux entrepreneurs, qui dans leur contrat avec la ville de New-York avaient fait valoir l'obligation d'accorder la journée de huit heures pour majorer leurs prix.

annonce qu'une des plus grandes paniques que le monde aura vu, éclatera bientôt aux États-Unis... Les ouvriers sont mécontents de leur sort... Je ne vois pas les choses en rose; j'aperçois au contraire que des nuages orageux s'amoncellent à l'horizon politique. Les ouvriers s'imbibent rapidement de l'esprit révolutionnaire que leur versent les socialistes, qui par tout le pays sèment leur propagande : elle est en train de porter des fruits dans la classe ouvrière. Nous, capitalistes, nous ne devons pas perdre de vue ces faits, gros d'orages, nous devons au contraire essayer de les manier et s'il est possible de détourner leur électricité dans nos partis politiques.

« J'appelle votre attention sur ces faits, qui ont tant de signification — et je vous engage à faire tout ce qui est en votre pouvoir pour endiguer le mouvement, qui, c'est ma ferme conviction, nous amènera à une révolution sociale, si nous continuons à nous conduire comme nous l'avons fait pendant la dernière décade.

« Nous sommes en faute. Tout ce que Wall Street (le centre financier de New-York) pouvait faire pour fomenter des troubles, il a commis la faute de le faire. Millions après millions de valeurs ont été lancés et la classe moyenne est pompée à sec... Le pouvoir d'achat des ouvriers a grandement diminué ; par notre faute nous avons donné à l'ouvrier toutes les raisons de se révolter. Quand viendra le jour de la révolte, et il approche, je ne donnerai pas un grain de millet pour la tête de Pierpont Morgan, car c'est lui que les ouvriers rendent responsable de beaucoup de leurs maux. »

Le franc parler de Mark Hanna a fort déplu à Wall Street; on l'accuse d'avoir grossi et noirci les faits pour des raisons politiques. Qu'il y ait exagération ou non, c'est néanmoins un signe des temps, que le leader du parti républicain ait cru devoir tenir un tel langage.

Le discours prononcé le 15 février au *Good Government Club* de l'Université de Michigan, par le juge Grosscup, s'il est moins brutal dans la forme, est tout aussi inquiétant. « Le divorce du travail et de la propriété est un fait anti-républicain et anti-américain ; leur organisation en deux forces ennemies est un fait menaçant qui se dresse devant le peuple américain. L'idée du trust-system accentue cette menace ; et ce qui est encore plus menaçant que le fait d'avoir diminué le corps des propriétaires, c'est qu'elle a aliéné des amis de la propriété la grande masse libérale du pays... Cette masse ira rejoindre les ennemis de la propriété ; elle apportera au socialisme une force qui le rendra invincible. » — Une ère nouvelle s'ouvre pour la politique américaine : pour la première fois aux Etats-Unis la lutte de classes est engagée sur le terrain politique.

Le trust-system qui bouleverse les assises économiques de la société ébranle par contre-coup la machine parlementaire, qui, en Amérique, comme en Angleterre, est un jeu de bascule entre deux partis, les Républicains et les Démocrates, s'élevant alternati-

vement au pouvoir. Le parti faisant le pied de grue
dans l'opposition groupe les mécontents, qui mettent
en lui leur espérance de réformes et lui attribuent le
pouvoir de guérir leurs maux. Bien que toujours déçus,
ils continuaient à se laisser piper par les politiciens
de l'opposition, mais les trusts, qui subventionnent
ouvertement les deux frères ennemis, font tomber peu
à peu les écailles de leurs yeux. Ils s'aperçoivent
qu'il existe un parti nouveau, qui combat républicains
et démocrates communiant fraternellement sur la table
d'or des trusts, qui annonce la Révolution sociale et
qui prescrit, comme remèdes aux maux de la société,
l'expropriation de la classe capitaliste et la nationalisation des moyens de production et d'échange; et
c'est vers ce parti qu'ils commencent à tourner leurs
regards. Le succès que le socialisme a remporté aux
dernières élections marque ses progrès dans l'opinion
publique; il a dépassé les espérances des militants et
leur a infusé une nouvelle ardeur.

Le socialisme moderne, transporté aux États-Unis
par les vaincus de la Commune, et par les réfugiés allemands, que Bismarck expulsait, y était resté, grâce
à des circonstances spéciales, un article d'importation
étrangère, dont se méfiait le public américain : le
trust-system en a fait un produit de fabrication nationale. Nos camarades du Nouveau-Monde l'ont assimilé et lui ont imprimé leur marque de fabrique, et
c'est une joie pour le socialiste du vieux monde de
lire leurs nombreux journaux et brochures et d'ad-
mirer l'esprit lucide et pratique et la verve vigoureuse

avec lesquels ils exposent les théories du socialisme international et les appliquent aux événements de leur milieu. Ils ont conscience du rôle historique que leur impose le soudain et le phénoménal développement du capitalisme américain et dans leur enthousiasme ils s'annoncent comme les initiateurs du mouvement révolutionnaire, qui transformera la société capitaliste.

Marx et Engels, parce qu'ils avaient su démêler l'influence politique des troubles économiques qui précédèrent la Révolution de 1848 et qui en préparèrent les évènements, attachaient une importance politique capitale aux crises périodiques de la production et de l'échange; ils comptaient sur une de ces crises pour provoquer la Révolution sociale. Peut-être que leur prévision se réalisera aux Etats-Unis?

Les capitalistes américains s'attendent à des *années maigres*, après les *années grasses* de l'extraordinaire activité industrielle, qui dure depuis 1899; ils prévoient comme dit Mark Hanna la plus grande panique que le monde aura vu et l'effondrement d'un nombre considérable d'entreprises; et ils croient que les trusts, bien munis de capitaux et solidement organisés sur une base nationale et internationale, résisteront à la tourmente économique et se dresseront plus gigantesques encore sur les ruines amoncelées autour d'eux.

Mais est-ce que les victimes, qui, dans toutes les couches sociales, se compteront par millions, supporteront leur malheurs avec une résignation de chrétien, ayant sa place marquée à la droite du Père éternel dans

8.

le Paradis d'outre-tombe ? Est-ce qu'elles n'imposeront pas la nationalisation de ces monopoles industriels, que déjà l'on réclame ?

Si le capitalisme saute en Amérique, il sautera en Europe.

APPENDICE

———

I

Liste des trusts américains d'au moins 10 millions de dollars formés du 1ᵉʳ septembre 1899 au 1ᵉʳ janvier 1902. (Le dollar vaut 5 fr. 15.)

		Dollars
Allis-Chalmers Co....................	1901	36.250.000
Amalgamated Copper Co............	1899	155.000.000
Amer. Agricultural Chemical Co..	1899	33.600.000
Amer. Beet Sugar Co...............	1899	20.000.000
Amer. Bicycle Co...................	1899	36.496.000
Amer. Brass Co.....................	1900	10.000.000
Amer. Can Co.......................	1901	82.466.000
Amer. Car and Foundry Co........	1899	60.000.000
Amer. Cigar Co.....................	1901	10.000.000
Amer. Grass Twine Co.............	1899	13.083.000
Amer. Hide and Leather Co.......	1899	33.025.000
Amer. Ice Co.......................	1899	41.705.000
Amer. Iron and Steel Mfg. Co....	1899	20.000.000
Amer. Light and Traction Co.....	1901	12.127.800
Amer. Locomotive Co..............	1901	50.412.500
Amer. Machine and Ordnance Co.	1902	10.000.000
Amer. Packing Co..................	1902	20.000.000
Amer. Plow Co.....................	1901	75.000.000

		Dollars.
Amer. Ry. Equipment Co..........	1899	22.000.000
Amer. Sewer Pipe Co.............	1900	10.295.700
Amer. Shipbuilding Co...........	1899	15.500.000
Amer. Smelting and Refining Co..	1899	100.000.000
Amer. Snuff Co..................	1900	23.001.700
Amer. Steel Foundries Co........	1902	30.000.000
Amer. Window Glass Co..........	1899	17.000.000
Amer. Woolen Co.................	1899	49.796.100
Amer. Writing Paper Co.........	1899	39.000.000
Associated Merchants Co.........	1901	15.000.000
Atlantic Rubber Shoe Co.........	1901	10.000.000
Borden's Condensed Milk Co......	1899	25.000.000
Central Foundry Co.............	1899	18.000.000
Chicago Pneumatic Tool Co.......	1902	10.000.000
Colonial Lumber and Box Corporation.....................	1902	15.000.000
Con. Ry. Lighting and Refrig. Co.	1901	17 000.000
Consolidated Tobacco Co.........	1901	262.689.200
Corn Products Co...............	1902	80.000 000
Crucible Steel Co. of America.....	1900	50.000.000
Eastman Kodak Co..............	1901	19.673.100
Electric Co. of America..........	1899	20.368.400
Eletric Vehicle Co..............	1899	18.475.000
Fairmont Coal Co..............	1901	18.000.000
General Chemical Co............	1899	16.821.500
Harbison-Walker Refractories Co.	1902	25.750.000
International Harvester Co.......	1902	120.000.000
International Salt Co...........	1901	33.000.000
International Steam Pump Co.....	1899	31.150.000
Jones et Laughlin Steel Co.......	1902	30.000.000
Monongahela Riv. Cons. Coal and Coke Co.....................	1899	39.470.000
National Asphalt Co	1900	55.563.000
National Carbon Co.............	1899	10 000 000
National Enam. and Stamping Co.	1899	23.838.400

Dollars.

National Fire Proofing Co........	1899	12.500.000
Nat. Sugar Refining Co,.........	1900	20.000.000
New England Cotton Yarn Co	1899	15.557.000
New York Dock Co ,..............	1901	28.580.000
Pacific Hardware and Steel Co....	1902	10.000.000
Pensylviana Steel Co,...........	1901	34.250.000
Pittsburgh Brewing Co,..........	1899	26.000.000
Pittsburgh Coal Co,.............	1899	59.731.900
Planters' Compress Co,..........	1899	10.000.000
Pressed Steel Car Co,...........	1899	30.000.000
Quaker Oats Co ,...............	1901	11.500.000
Railway Steel Spring Co	1902	20.000.000
Republic Iron and Steel Co	1899	48.204.015
Royal Baking Powder Co,........	1899	20.000.000
Rubber Goods Mfg. Co	1899	26.410.015
Sloss-Sheffield Steel and Iron Co..	1899	18.200.000
Standard Milling Co.............	1900	17.250.000
Steamship Consolidation (Trans-Atlantic)..........................	1902	170.000.000
Union Bag and Paper Co.........	1899	27.000.000
United Box, Board and Paper Co.	1902	30.000.000
United Copper Co...............	1902	50.000.000
United Fruit Co.................	1899	15.369.500
United Shoe Machinery Co.......	1899	20.656.575
U. S. Cast Iron Pipe and Foundry Co.............................	1899	25.000.000
U. S. Cotton Duck Corporation...	1901	13.100.000
U. S. Realty and Construction Co.	1902	66.000.000
U. S. Reduction et Refining Co....	1901	12.808.300
U. S. Shipbuilding Co,..........	1902	71.000.000
U. S. Steel Corporation.........	1901	1.389.339.956
Universal Tobacco Co,..........	1901	10.000.000
Virginia Iron, Coal and Coke Co ..	1899	18.970.000
Total..		4.318.005.646

II

Statistique de l'industrie Morganisée.
(1ᵉʳ septembre 1902.)

Chemins de fer contrôlés par Morgan et son groupe.
(Le mile américain égale 1 609 mètres.)

		Miles	Dollars
Northern Securities Co............		.....	400.000.000
Great Northern Ry. system...	Controlled by Northern Securities Co...	5.585	96.683.454
Northern Pacific Ry. system.		5.661	177.925.789
Chic., Burlington et Quincy Ry............		8.479	362.357.300
Southern Ry. system (including « affiliated » properties).........		8.929	355.484 309
Central of Georgia Ry. Co........		2.271	53.646.000
Louisville et Nashville Ry. (including Chic., Indianapolis et Louisville Ry).................		6.174	165.784.660
Reading Co.'s system (including C R. R. of N. J. and Coal et Iron Co)............................		2.131	297.067.290
Erie R, R, system...............		2.554	362.770.756
Hocking Valley Ry. system.......		941	70.189.548
Lehigh Valley Ry. system.......		1.399	94.012.100
Atchison, Topeka et Santa Fe system......................		7.919	445.235.240
St. Louis et San Francisco system.		3.507	121.593.126
Total...............		55 555	3.002.949.571

Note. — L'influence de Morgan s'exerce aussi sur plusieurs autres vastes systèmes de chemins de fer, tels que le *Vanderbilt and the Pensylvania properties*, et *l'Atlantic Coast line and Seaboard Air line*. En fait, la puissante influence de Morgan est un élément vital de tous les autres groupes ou systèmes importants, dont les plus considérables sont le Harriman, le Gould, le Rockefeller et le Moore groupes.

Corporations industrielles et diverses contrôlées par Morgan et son groupe (1ᵉʳ septembre 1902).

	Dollars
United States Steel Corporation	1.389.339.956
General electric Co.	45.000.000
U. S. Ruber Co.	63.991.000
Steamship Consolidation (alors en formation)	170.000.000
U. S. Realty and Construction Co.	66.000.000
	1.734.330.956

SOMMAIRE

Steam railroad Co. orations	3.002.949.571
Industrial Corporations	1.734.330.656
Total	4.737.280.527

Cette capitalisation totale ne représente pas toutes les entreprises dans lesquelles la maison Morgan est intéressée. Il existe nombre de corporations plus ou moins importantes, dans lesquelles l'influence de Morgan se fait sentir d'une façon ou d'une autre. Il y a de plus une chaîne de banques de New-York connue sous le nom de *Morgan banks*, ayant chacune un capital de 10 millions de dollars, dont les principales sont la *National Bank of Commerce* et la *First National Bank*.

(Ces documents sont extraits de la brochure publiée en 1903 par John Moody sous le titre de *The Morganization of Industry*.)

III

Liste de 52 trusts d'une capitalisation de 50 millions de dollars et au-dessus, existant le 1er janvier 1903, dressée d'après des statistiques officielles par le représentant du Maine, Littlefield.

	Millions de dollars
United States Steel Corporation	1.400
Consolidated Tobacco Co	262
International Mercantile Marine	195
U. S. Seather Co	181
Amalgamated Copper	155
American Telegraph and Telephone	153
Consolidated Gas	152
Anthracite Coal Combine	150
Metropolitan Securities	147
Western Union Telegraph	146
Chicago Union Traction	120

Million de dollars.

International Harvester	120
Consolidated Lake Superior	117
Bay State Gas	112
Smelting Combine	100
Standard Oil	100
United Railways Saint-Louis	90
United Railways Baltimore	90
Manhattan Railway	88
American Can Co	88
American Sugar	85
Union Steel Co	85
New Orleans Traction	80
United Copper	80
Corn Products Co	80
Plow Combine	75
Union Traction Philadelphie	72
Central Lumber Co of California	70
Realty Trust	66
Woolen Trust	65
People Gas-Chicago	64
Pittsburg Coal	64
Rubber Trust	62
Union Steel and Chain	60
American Car and Foundry	59
North Jersey Street-Railway	59
New England Insurance exchange	58
Biscuit-Trust	56
Underwriters Association-New-York	56
Republic Iron and Steel	55
Paper Combine	54
Shipbuilding Trust	54
Philadelphia electric	53
Locomotive Trust	51
Western Telephone Co	51

Millions de dollars.

Cambria Steel	50
Chemical Trust..............................	50
Crucible Steel Co............................	50
Federal Sugar	50
Rubber Goods Co	50
Soapmakers Combine........................	50
Virginia-Carolina Chemical Co..............	50
Total........................	6,031

TABLE DES MATIÈRES

www.ingramcontent.com/pod-product-compliance
Ingram Content Group UK Ltd.
Pitfield, Milton Keynes, MK11 3LW, UK
UKHW020208130726
13696UKWH00002B/789